大家学术

冯汉骥·著

求证历史的印迹

冯汉骥考古学论集

生活·讀書·新知 三联书店

Copyright © 2018 by SDX Joint Publishing Company
All Rights Reserved.
本作品版权由生活·读书·新知三联书店所有。
未经许可,不得翻印。

图书在版编目(CIP)数据

求证历史的印迹:冯汉骥考古学论集/冯汉骥著.
—北京:生活·读书·新知三联书店,2018.5
 (大家学术)
 ISBN 978 – 7 – 108 – 06054 – 9

Ⅰ.①求⋯ Ⅱ.①冯⋯ Ⅲ.①考古学 – 文集
Ⅳ.①K85 – 53

中国版本图书馆 CIP 数据核字(2017)第 196716 号

责任编辑 王婧娅
封面设计 米 兰
责任印制 黄雪明

出版发行 生活·讀書·新知 三联书店
 (北京市东城区美术馆东街22号)
邮 编 100010
印 刷 四川省南方印务有限公司
版 次 2018年5月第1版
 2018年5月第1次印刷
开 本 650毫米×900毫米 1/16 印张 12.75
字 数 149千字
定 价 38.00元

弁　言

李学勤[*]

日前听闻"大家学术"丛书第一辑的编选整理已经完竣，即将付印问世，我感到非常高兴。在这套丛书的策划过程中，四川师范大学段渝教授多次垂询我的意见，我也得以从他的讲述中获知其对这套书的设想，认识到这些确实是很有学术意义的好书，值得向广大读者做一推荐。

"大家学术"丛书是在所谓"国学热"日渐升温的当口诞生的。我由于参加《中国高校哲学社会科学发展报告》的工作，必须更多查阅学术界的资料，才发现"国学热"在不长的时间里，竟已发展到出人意料的局面。仔细想来，这本来是理所当然的，"国学"就是"中学"，亦即中国传统文化的核心部分。随着中国国势走向振兴，人们自然会增加对传统文化的关注，要求认识、继承和阐扬其中的精华，并将之推向世界。

北宋张载说："为天地立心，为生民立命，为往圣继绝学，为万世开太平。"常被视为中国学人的最高抱负。这里面"为往圣继

---

[*] 李学勤，清华大学教授，"夏商周断代工程"首席科学家、专家组组长，中国先秦史学会理事长，国际欧亚科学院院士。

绝学"，便可以理解为对传统文化学术的继承和发扬。前人已往，其学已绝，所以"继绝学"不能停留在前人固有的层次上，而是要于其基础上续做提高，日新又新。不过，正确地了解传统、分析传统，毕竟是继承并且创新的前提。

从这里我们可以看到学术史的工作是多么重要。事实上，在历史发展中每逢重大转折的时刻，每每有富于远见的学者出现，做出学术史的总结和探究。前人曾指出，战国晚期百家争鸣接近终局之时产生的《庄子·天下篇》，堪称这方面最早的范例。

20世纪中国学术史的奠基人，应推章太炎与梁启超。章太炎于这方面发轫较早，有关论作虽多，但未成专著。梁启超则在20年代先后撰成《清代学术概论》及《中国近三百年学术史》。在后一书开首，梁启超说："这部讲义，是要说明清朝一代学术变迁之大势及其在文化上所贡献的分量和价值。为什么题目不叫作清代学术呢？因为晚明的二十多年，已经开清学的先河，民国的十来年，也可以算清学的结束和蜕化。把最近三百年认作学术史上一个时代的单位，似还适当，所以定名为《近三百年学术史》。"后来钱穆先生1937年出版的书，尽管学术观点与梁氏不同，也用了同样的标题。

梁、钱两书都有相当重大的影响，我认为这主要是因为其所讲述的学术史，对当时学术界而言恰好符合需要。任何一个历史时期的学术，总是以前一时期的学术作为凭借的思想资料，从而有所变革、进步和创新。足知对前一时期学术史的了解，一定会有利于当代学术的前进，甚至应该说是促进学术新发展的必要条件。就梁启超到钱穆那个时代的学者而言，他们面对的问题与挑战，究其渊源，大都可上溯到清代前后的三百年，无怪乎《中国近三百年学术史》两种都不胫而走了。

今天的学人,所处时代已与梁、钱二氏不同。作为我们学术界先行和凭借的,不是清代,而是落幕未久的20世纪。比之清代,20世纪的历史更是风云变幻、波澜壮阔,人物更是群星灿烂、英杰辈出,为学术史的研究提供了十分辽阔的用武之地。为了看清当前学术文化的走向,推动新世纪学术文化的建设,不能不重视对20世纪学术的研究。这正是我近些年一直呼吁加强这一时期学术史工作的原因。

实际上,对20世纪学术的探讨研究,早已在很多学者的倡导支持之下展开了。在这里我想强调的是,这方面的工作还有必要在深度和广度上继续扩展,特别是我们考察20世纪的学术文化,眼界还有必要进一步拓宽。

20世纪的中国学术极其丰富多彩,不能只局限于一时一地,例如北京、上海的几处大学和机构。应该说,由于时势机运的流转变迁,很多地方在学术上曾形成学科或思潮的中心,那里的学者在多方面都做出了独特的成果和贡献。

四川就是这样。自古以来,蜀学有其脉络,虽说蜀道甚难,但蜀地学人影响被于天下。晚清以至民初,情形更是如此。特别是抗日战争爆发之后,学人云集,蔚为盛况,于四川文化发展开前所未有的局面。仔细探究四川的学术史传统,是非常有意义的工作。

"大家学术"丛书即是如此规划的。这套丛书第一辑即专门编选四川地区卓有建树的学人著作,加以介绍其思想成就的前言,便于读者阅读。现在第一辑所收作者,都是中国学术界公认的著名学者,无愧"大家"称号。他们大多著作等身,非短时间所能通览。这些选本足以帮助大家了解他们的学术概要,相信一定会受到欢迎。

这套丛书还将继续编印下去，分辑搜集、编辑全国各地20世纪著名学术大家的专题学术论著精粹，使之成为较为全面反映中国20世纪学术文化发展成就的窗口。

最后，希望四川学术界当前以20世纪学者为主，为撰著系统的20世纪四川的学术史做出准备，将来还可上溯到更早以至古代的蜀地学术，对中国传统文化研究的贡献就更大了。

于北京清华园

目 录

001　　　　序

001　　　　关于资阳人的几个问题
011　　　　记广汉出土的玉石器
025　　　　四川彭县出土的铜器
041　　　　关于"楚公豪"戈的真伪并略论
　　　　　　　四川"巴蜀"时期的兵器
048　　　　岷江上游的石棺葬
079　　　　四川的画像砖墓及画像砖
096　　　　记唐印本陀罗尼经咒的发现
104　　　　前蜀王建墓内石刻伎乐考
130　　　　前蜀王建墓出土的平脱漆器及银铅胎漆器
137　　　　云南晋宁石寨山出土文物的族属问题试探
172　　　　云南晋宁出土铜鼓研究

序

林 向

冯汉骥教授（1899—1977年），是我国著名学者，是运用现代人类学知识来研究中国古代社会和兄弟民族的先驱者、人类学西南学派的开创者、西南地区考古学和博物馆事业的奠基人。从1931年起，冯汉骥先生赴美深造，先后在哈佛大学、宾夕法尼亚大学从名师攻读人类学，1936年获人类学哲学博士学位。1937年11月他接受四川大学的聘请，任史学系教授，从此历40载春秋，辛勤治学，培育人才，成为桃李满天下的一代宗师。

1938年，冯汉骥先生归国次年，他不顾抗日后方条件恶劣，全力以赴做了三件大事。一、开展民族考古调研：他只身赴岷江上游羌区进行民族调查，获取了大量民族调查资料，并在汶川萝卜寨亲自发掘了一座石棺葬（SLM1），这是首次在川西北山地获得第一手田野考古资料。其后他发表的《岷江上游的石棺葬文化》成为西南民族考古研究里程碑式的成果。二、开展专题考古研究：首次对西南常见的大石遗迹做了专题考古调查，他发表的《成都平原之大石文化遗迹》一文认为"武丁担墩为人造之墩，极可能乃古坟，是以石笋可能为坟之墓石"；另些"独石"则是"纪念重要之社会、政治事件"的标志物；至于成都弥牟、双流、奉节鱼复浦等地的"八阵图"实与诸葛亮无关，而是"可能具有宗教意义"的"列石遗迹"，其年代"约在新石器时代至东周时期"。

三、开展全省文物普查工作：在他的策划与主持下，四川大学师生受中央古物保管委员会的委托，对四川省境内的石器时代遗址及汉晋墓葬、壁画、石刻、造像等文物做了调查研究与收藏保护工作，搜集的数千件标本资料后来全部移交给四川省博物馆筹备处。为了全面掌握文物情况以便开展考古、博物馆事业，在一省境内进行文物普查工作，当时在国内尚属首创。先生不时告诫我等后学："不要做沙发椅上的考古学家。"他自己身体力行，为我们树立了榜样。

先生善于抓住重要课题，锲而不舍地上下求索。1942—1943年，先生主持发掘成都西郊号称"抚琴台"的五代前蜀王建墓（永陵），这是国内首次发掘的帝王陵寝。它的发掘成功显示了先生卓越的组织才能和高超的考古发掘技术，为先生赢得了很高的学术声誉。在此后的20年中，先生潜心科学研究，陆续发表《王建陵墓的发现与发掘》《相如琴台与王建永陵》《驾头考》《前蜀王建墓内石刻伎乐考》《王建墓内"大带"考》《前蜀王建墓出土的平脱漆器及银铅胎漆器》等一系列论著，为最后完成《前蜀王建墓发掘报告》（文物出版社，1964年）打下了坚实的基础。先生有关王建墓的论著与报告至今仍为海内外学术界研究中国帝王陵寝制度的必读文献。

先生对学术的执着敬业精神一以贯之。例如1944年，四川大学校园内发现一座已残破的小型唐墓，先生一丝不苟的清理工作保证了发掘资料的完整。他从朽坏的极细的银镯腔里取出一件唐代纸本雕版印刷品，上有佛像、经咒和"成都县""龙池坊""印卖咒本"等字样，为我国印刷术的发明与唐代成都的历史文化地位找到了极为珍贵的地下证据。

1951年西南博物院在重庆成立，先生出任副院长兼自然博物馆馆长，并亲自坐镇配合大规模经济建设开展田野考古工作。重要的发现有1954年配合成渝、宝成铁路建设在巴县冬笋坝、昭化宝轮院发掘的一批战国秦汉间的"船棺葬"，用考古证据证明了曾在20世纪三四十年代引起争论的"巴蜀文化"青铜器的真实性。1960年先生主持编撰的《四川船棺葬发掘报告》（文物出版社，1960年）出版，从此在中国考古学文化上，"巴蜀文化""船棺葬"成为海内外学术界所广泛采纳的考古术语。又如1953—1956年为配合砖瓦厂生产，在成都北郊羊子山清理出殷周时代的古蜀国三级夯土祭坛，底边长103米，是迄今国内发现的最大的先秦单体礼仪建筑，为探索古蜀文明打开了新思路。笔者谨述从先生在四川大学攻研西南考古学时的一些亲知亲闻，以窥其精深治学之一斑。

一、"资阳人"的年代问题。1951年资阳黄鳝溪出土"资阳人"头骨化石。1972年有人根据事后采集的数据称与头骨同层的乌木的碳十四测定年代为距今7500 ± 30年，因此认为"资阳人"头骨应属于全新世（相当于新石器时代），疑云纷起。先生1954年的手稿《关于资阳人的几个问题》公布后，结论就很清楚了。先生指出，头骨"已成为化石，而分量亦相当重，所以其年代还是相当久远的"，它是"从上游漂流至此"的，"离开了它的原始地层，则断代时只能考虑它本身的特质而不能再联系其共存物"。现在大多数学者赞同此观点，认为"资阳人"头骨的年代应属旧石器时代晚期。

二、"大溪文化"的命名问题。1962年我作为研究生，在导师冯先生的悉心指导下完成毕业论文《巫山大溪新石器时代遗址发掘报告》。报告经过仔细研究命名一种与仰韶文化、龙山文化有联系而又独立的考古学文化为"大溪文化"，其年代距今约6000年。1963年这本报告稿曾送至中国社科院考古所进行出版审查，著名考古学家夏鼐先生曾约我面谈，并细询冯师对我的指导与最新研究状况。可惜的是修改后的定稿本和全部图片、照片在"十年动乱"中不知去向，成了一大疑案。但是，"大溪文化"作为一个中国长江流域代表性的新石器时代考古学文化的命名，已为海内外学术界所采纳。

三、细心的观察研究，卓灼的科学预见。1963年先生率领四川大学师生与四川省博物馆人员组成联合考古队，对广汉月亮湾遗址进行考古发掘。先生站在高地上对大家说："很可能此处原是古代蜀国一个重要的政治经济中心。"20世纪80年代开始我们在此进行的大规模考古发掘，证明了三星堆遗址群确是夏商时期古蜀国的都城，也证实了先生科学预见的卓识。又如，先生很早就注意到长江流域史前文化高度发展、中原商代的白陶和原始瓷器来源于长江及长江以南的印纹硬陶等事实，在20世纪50年代就指出探索中国古代文明的摇篮绝不能局限于黄河流域。当1976年先生在病中看到公布浙江河姆渡遗址发掘出7000年前高度发展的稻作文化时，兴奋之状溢于言表。

四、鞠躬尽瘁，心血洒西南。1958—1959年先生两次应邀赴云南参加晋宁石寨山滇王族墓葬的发掘与研究，撰写了大量的笔记、手稿，陆续发表的《云南晋宁石寨山出土文物的族属问题试探》《云南晋宁石寨山出土铜器研究——若干主要人物活动图像试释》《云南晋宁出土铜鼓研究》等文，是对考古新发现进行综合研究的范例。先生的文章综合运用人类学的方法，把考古资料、古典文献、民族学材料结合起来进行综合研究，从而对"滇文化"

和古滇人的历史、族属、礼制、俗尚等进行了全面分析,不仅成为"滇文化"研究中的里程碑式著作,而且是中国人类学西南学派在考古学领域的研究范本。1975年冬,先生抱病为从湖南、贵州前来求教的考古工作者做了有关夜郎问题的学术报告,从他自己对西南古代奴隶王国巴、蜀、滇的研究,谈到探索夜郎的思路和方法。谈者神采奕奕,听众心领神会,但会后先生即感不支,进入医院后便一病不起。不意该学术报告竟成为先生的"最后一课"。

冯汉骥先生的中外文著作众多,这里仅选印其中考古学方面的11篇论文以飨读者,若能让后学从中领略先生的风采之一斑,则幸甚焉。

关于资阳人的几个问题

"资阳人"头骨化石出土的地层问题

资阳人头骨的发现,到现在已有三年多,并引起了各方面的重视。的确,这是一个极重要的发现,值得我们仔细研究。诚如翦伯赞先生所说:"资阳人的发现,不仅对中国旧石器时代人类的分布提出了新问题,对旧石器时代人类体质的研究,也提出了新的问题。在人类的发展过程中,资阳人应该安排在什么地方?这就是向人类学家提出的新问题。"① 资阳人头骨发现之初,我个人曾予以密切的注意,头骨也曾在前西南博物馆展览过一段时期。因为当时缺乏研究仪器,除做了一些初步的形态学上的观察外,未曾予以研究。不过我觉得关于此一重要发现的具体出土情况和地层问题,对于以后的研究工作是至关重要的,所以想提出来以供研究者参考。

一种化石的年代,主要是靠它所出土的地层和其本身的形态,再加与其伴出的其他生物化石来决定。因为我没有参加关于资阳

---

① 翦伯赞:《考古发现与历史研究》,《文物参考资料》1954年第9期。

人头骨的采集及后来的发掘工作，所以只能根据各方面的材料加以推断。

前西南文教部文物调查征集工作小组在关于成渝铁路筑路时的出土文物调查报告中，对黄鳝溪古生物化石、人类遗骨报告说："（一）资阳黄鳝溪龙骨化石——第一批化石是西南铁路工程总局资阳工务段于1951年3月17日至21日在资阳县城西门外挖掘黄鳝溪大桥（铁路里程K148+395）至地面下8米（吴淞海拔352米）黑泥层内所发现。计：牙骨三件，脊椎骨六件，肢骨二十三件，尻骨一件，膝骨一件，爪骨一件，骨片二十三件，共五十八件，已由资阳工务段谭其芬段长亲身带往重庆西南铁路工程总局。第二批龙骨化石是从3月21日下午起到29日止，我组所收集的化石，计牙骨三十四件、角骨四件、脊椎骨二十二件，较大不明的骨类、化石三十五件，碎骨片六百五十九件，已由我组装箱运部。上述两批化石皆发现于黑土层中，仅有两颗白色牙化石，系在黄鳝溪桥另一桥墩基下所发现，其地无黑土层。……（二）人类遗骨——在黄鳝溪发现龙骨之地点，同时掘出头盖骨，此项骨类已变成土黄色，但尚未形成化石。已由谭段长带回重庆。"① 资阳发掘后，在裴文中先生参加的西南博物院座谈会上，原重庆大学教授张圣奘先生介绍了资阳人头骨化石的发现经过："挖掘黄鳝溪一号桥基时，在桥东不远的8米深处，发现了一些象齿，即特别加以注意。16日在铁路工程（K148+395）处发现一个人骨化石，只有头盖骨及上颌骨两块，后来破为大小五块。我们当时悬赏数百元到1 000元征求一个化石，其较大者赏额随之增加，并以10 000

---

① 西南文教部文物调查征集工作小组：《成渝铁路筑路当中出土文物调查报告》，《文物参考资料》第2卷第11期。

元的赏额寻找下颌骨。附近化石收集了很多，但无人的颌骨。以后数日，继续注意收购，除部分动物化石外，再无其他人类化石发现。……总计在此处发现的化石共大小六百余件，内人类化石一个。还拾得两个半核桃和一包古树叶，作为参考的旁证。"① 由此可知，调查小组的报告并未注明头骨化石的确切发现地点，而张圣奘先生则认为在一号桥墩之东，以后资阳人发掘报告即采此说。不过据当时参加征集工作的原西南文教部王德云同志回忆："人头骨漂在水中，由工人拾起，不能确定其是在什么地点掘出来的。拾起后，因工人互相争夺观看，致被扯成数片。"这也就是说，当时在场人所说的情况，各有不同，这种情形，我觉得值得发表，以供研究者参考。又，发现资阳人头骨的时间，张圣奘先生云在1951年3月16日，而调查报告则称在3月17日至21日之间，不知孰是？

至于资阳人头骨发现的地层，则情况更为复杂。据当时采集的人员说，头盖骨是在资阳黄鳝溪大桥第一号桥墩基下靠东约8米以下的地层中发现的。这不过是一种约略的估计。而实际是，仅仅8米深的地层，以西南靠近河床冲积地带而言，并不能代表时代的久暂。是后，又经过裴文中先生的试掘，地层的情况已比较明确了，但头盖骨是在何层中发现的，现在还是不能明确地肯定。

据裴文中先生的试掘简报，黄鳝溪发现人骨附近的地层，约可分为四层：

第一层（最上层亦即时代最近的一层）为红黄色黏土，平均约6米厚，大约相当于华北区的"黄土"。这一层内无化石或文化遗物。

---

① 见《资阳发掘工作结论座谈会记录》，原西南博物院档案。

第二层为深灰色黏土，其中含有少量成层的细沙粒。此层厚约 1 米。此中含有大量已经腐烂了的有机物，所以颜色变成深灰或褐黑。

第三层为黄沙泥层，此层又可分上下两部。上部沙多，小砾石少，颜色深黄，里面保存有完好的树叶和大树干。据裴文中先生的推测，"人类头骨化石，可能是由这部掘出来的"。下部分沙愈少而粗，小砾石愈多，无大树干和树叶。此两部分均出骨化石碎段，几全为零星破碎者，且有为流水冲磨的痕迹。

第四层为砾石层，愈向下砾石愈大而砂愈少。此层内未发现骨化石或大树干。再下因未再向下掘，不得而知。①

现在我要提出的问题是：到底人头骨是在哪一层出土的？以现有事实来推断，蕴藏人骨化石的地层，不外乎第二层（深灰黏土层）和第三层（深黄沙砾层），因为只有这两层才出化石。据裴文中先生的推测，人骨化石是出在第三层的上部，即黄沙砾石层。不过据我个人的意见来看，这与资阳人头骨化石的颜色是不相合的。按黄鳝溪所出的化石的颜色，大概可分为两种，一种是白色或浅黄色的，另一种是深灰色或褐黑色的。这两种化石显然是两种地层所出的，因为骨骼本身作白色，它带上的颜色，都是受土质颜色影响而来的。今资阳人头骨化石的颜色是褐黑色（亦可称之为深灰色），就黄鳝溪地层土质颜色而论，可能是出土在第二层（即深灰黏土层），因为它与第三层（深黄沙砾层）的土质颜色是显然不合的。我不过只提出这一问题，但它的解决，还需要进一步的发掘和研究。再者，若人头骨化石是出在第二层，那么，对于它的时代的推断，则需要另行考虑。

---

① 裴文中、吴汝康：《资阳人》，科学出版社，1957 年，第 2—3 页。

黄鳝溪河谷的第一层，裴文中先生以为"大约相当于华北区域的黄土"，这当然是有所根据的。然而第二层与第三层又与他处的已知道的地层如何相牵合呢？裴先生以为第三层上部出土的资阳人头骨属于更新统晚期。因其中出有猛犸象（*Mammonteus primigenius Blumenbach*），而猛犸象在中国其他各地均出在更新统晚期地层中。但同时出土的又有东方剑齿象（*Stegodon orientalis*），而剑齿象与猛犸象是不同时期的。剑齿象较早而猛犸象较晚，前者生长于温暖气候，而后者生长于寒冷气候。裴先生为了解决这一矛盾，谓剑齿象的一短节臼齿是由上游冲流下来而沉淀于此的，猛犸象的一节臼齿则系原来埋在此一地层的，所以二者共存于同一地层中。不过我个人的看法是，二者均系由上游冲流下来而沉淀于此的，所以都很零碎，而且亦无其他部分的骨骼发现（又此两种象齿，是否同一地层出土，它们的颜色是很重要的，现在已记忆不清了）。据我个人的臆测，不只此两种象齿是由上游冲流而来，此层中所有的其他化石，均系由上游冲流而来。所以我们采集到的化石虽有五六百件之多，但皆极为"零星破碎"，不可辨识，且多有流水冲磨的痕迹。在这种混杂的情况下，要凭一两种动物来决定地层的时期，问题是很多的。所以我觉得黄鳝溪的上游一带，是值得调查的。至于此地层中所出的大树干，1951年曾运回西南博物馆两卡车，现已干透，皆冰裂甚深，有的甚至裂开成为多瓣。虽皆有不同程度的碳化，但石化程度是很浅的。

至于资阳人头骨，看情况也是从上游漂流至此的。无论如何可以断定，并不是有意埋葬（若是属于旧石器时代后期，则人类已经知道埋葬），这是可以肯定的。而当时埋葬，亦不会埋于如此低洼的河心处。又除了此一很残的头盖骨外，亦无其他骨骼发现，益可信其为漂流而至。不过头盖骨已成为化石，而分量亦相当重，所以其年代还是相当久远的。

若是我们认为所有这些化石，包括人头骨在内，都是由上游因大水冲流而来沉淀于此的，那么，问题就更加复杂了，绝不能凭一两种化石就定它为更新统。其中可能包含有比较早及比较晚的动物化石，亦只能由存在到最近的动物定其时代的下限。尚有鹿、牛、猪、犀牛、马、虎、啮齿类及龟类等骨骼碎片，因其过于破碎，尚不能全部定其种类。

根据考古学的研究方法，出土遗物只要离开了它的原始地层，则断代时只能考虑它本身的特质而不能再联系其共存物。这一点，恐怕也是我们今后研究资阳人头骨化石所应当注意的。

（童恩正根据1954年手稿整理）

资阳人头骨化石问题

资阳人头骨化石是1949年后四川境内首次发现的古人类化石，具有十分重要的科学价值。因系修筑铁路工程中偶然出土，未经科学发掘，情况复杂，问题很多。有关地层的问题，我已另撰专文发表，今就头骨化石本身的体质特征及相关情况进行考察，谈谈个人的看法。

资阳人化石本身是很残缺的，但古代人类的化石极为稀少，虽然很残缺，亦是弥足珍贵的。而从资阳人头骨本身现存的部分，尚可看出若干特征。这一头骨，严格地说，只剩了头骨盖（cranial vault），包括额骨、左右颅顶骨、枕骨、左右颞骨及蝶骨（sphenoid）的右翼间一部分，头骨的底骨和面部的骨骼等，均全部失去。另外尚有硬腭骨（hard palate）一块，但牙齿全部脱去，只剩齿槽。此硬腭骨从其化石的程度和颜色（褐黑色）与其比例上来看，与头骨盖是同一地层出土，而且可能是属于同一个人的。

头骨在地层中，大概因受土层的压力，致左颅骨和颞鳞骨略向内曲，特别是颞颥（temple）的部分内曲尤甚，楔骨与额骨相接处略为向内破折，故致使额骨向左偏斜。此种变形乃系在土层中徐徐受压力所致，绝非生前即是如此。困难的是，现在已无法推知它在地层中的位置，所以亦无法知道土层压力的方向。以现在偏斜的情况推测，似乎是颅顶骨向下，因左鳞状骨（squamosal）尚存，因此受到上面土层向下的压力，致额向左偏斜。

我们观察这一头骨所得的第一个印象，就是它的体积比较的及绝对的均小。根据裴文中先生所发表的测量材料，头骨的绝对长为16.72厘米，宽为11.7厘米，依此计算，其头部指数（cephalic cindex）约在70以下，为长型头（dolichocephalic）。虽然其眉间（glabella）部分尚存在，可以准确测量长度，不过因其左部偏斜，可能改变其宽度，但对指数的影响是不大的，可能为中型头。因其枕骨甚突出，故绝对不能变为圆形。

头骨颞肌附丽线不甚显著，足见颞肌不会强大，所以下颌骨也不会厚大。枕骨突出，项肌附丽部分区域虽小，但颇为显著而有棱角，乳状骨中等发达，足见项肌是相当发达的。眉弓平顺而不甚突出，额骨饱满。此均为女性现象。整个颅骨平滑圆润，绝无旧石器时代人类颅骨棱角粗糙的形态。

头骨缝极简单，此为蒙古利亚人种之特征。

颅顶骨后部凸出部分（partial bosses）颇显著。

颅骨颇薄，此亦为近代真人的特征。

从整个头盖骨的形态看来，其为女子的头骨，大概是没有问题的。

个人的识别,主要的在于面部,进化及种族上的特征的识别,亦是如此。资阳人头骨的面部,已完全失去,只剩下硬腭和其上的齿槽(alveolar process)部分。这一部分从其化石的程度和颜色来看,可以认为与头骨是属于一个人的,再者齿槽上的牙齿已全部脱落,只余齿孔,且并不完全,所以从它所能得到的信息也是很少的。

右第二大臼齿的保存最为完整,第二上臼齿通常应有三个根孔,唇边两小孔,舌边一较大孔,但是此齿上只有两个,唇边的一个比舌边的一个大,大概唇边两根已合为一个,故有此现象。

右上第三臼齿的根孔保存颇为完整,在齿槽的正中,上第三臼齿齿根通常分为三,但往往因过于紧密,故只有一孔。因为这种现象,若谓最后的一孔(现所称为第三臼齿孔的)是属第二臼齿的,则人类实没有这样大的牙齿,何况从此上颌的全齿槽的齿孔来看,全部的牙齿都是绝对的小的。这是因为整个头骨小之故。所以我认为此骨上右边的最后一个齿孔,除了为第三臼齿之外,实无其他的解释。以右第三臼齿的大齿根孔而论,第三臼齿是完全长出来了的。在人类的臼齿中,以第三臼齿最小,其出生期为十五六岁至20岁左右,现代人往往有30岁左右尚未生出第三臼齿的,有的根本就不生出。再者现代人大半的第三臼齿因其位置不正或过小而不发生作用。

所以,不看其他牙齿的磨损情状,仅以第三臼齿的有无来决定一个人的年龄,问题是很多的。再者从这一硬颚骨上所保存的齿根孔来看,绝不能说他是一个未成年的幼童,至少是一个成年人。至于年龄有多大,因为牙齿不存,就无法推测了。这与头盖骨骨缝的结合情况也是相合的。头骨缝的结合,要在脑髓停止生长以后才开始，女子至早在十八九岁或20岁以后，若要各缝完全结合为一整块，至早须在40或50岁以后了。再看资阳人头骨缝，虽然很简单，缝痕宛然存在，所以虽经漂流冲刷和地层压力，至今还保存原来的形状，足见其结合得很紧密。若是一个幼童的头骨，则头骨缝松弛，一经流水冲击，早已互相分离而不知各漂流于何处去了。

上颌的臼齿，其根通常分而为三，所以在齿槽上，每一臼齿的根往往分而为二，中间有一层薄薄的骨片隔开。不过第一及第二臼齿的唇边两个齿根，往往生得很紧密，故在齿槽上只有一孔。又第三臼齿的齿根亦为三个根，而这三个根往往也生得紧密，故齿槽上往往只有一个大孔，中间无骨片间隔，这也证明资阳人的现代现象。

此一小块颌骨上，尚保存鼻下凹（subnasal fassae）部分。鼻下凹颇深并且相当的阔，但鼻刺（nasal spine）已脱落，无法知其关系。不过由鼻下凹的此种形状看，其鼻形是相当阔而扁平的。这种鼻下凹的形状，在现代四川人的颌骨上亦为常见的现象。

总体来说，我从这一头骨上，实在看不出它的任何原始性和年代关系。这块头骨虽小，但并不代表它是一个幼童或者是不同种族的。因为颅骨的大小与身体的大小成正比，身材高大者头骨大，身材矮小者头骨小。像资阳人这样大小的头骨，在现代西南一带的女子中尚是很多的。

从资阳人头骨所表现的形态看，它完全属于现代真人（Homo sapiens），不带有何种显著的原始形态。现在重要的问题，即是它的年代问题，头盖骨已成为化石，且分量亦相当重，所以还是具有相当年代的。

附图目录及部分说明①：

第一图　头骨顶部。冠状（coconal）合缝与矢状（sagittal）合缝，均很清楚，矢状缝虽甚简单，但结合紧密。

第二图　头骨底部。可见头骨的偏斜形状。

第三图　头骨正面。

第四图　头骨左侧面。

第五图　头骨后面。

第六图　上颌骨（一部分）。

因缺乏体质人类学之测量工具，所根据的材料，大部为目察所得，这是需要加以说明的。

整理者说明：

此文由冯先生于1954年前后撰写《关于资阳人的几个问题》手稿整理，稿中有关地层及动植物化石部分，已由童恩正教授整理成《关于"资阳人"头骨化石出土的地层问题》收入《冯汉骥先生考古学论文集》。本文系根据稿中研究头骨化石部分整理，另加标题如此。因原稿用毛笔手写，时有涂改增删，致有部分文字另纸书写附于稿后者，未加清抄，或与先生原意有所出入。

张勋燎
2000年8月10日

---

① 附图原稿缺失。为保存遗稿原貌，此部分文字依然保留。——编者注

记广汉出土的玉石器

四川省广汉县所出玉石器，迄今已经有半个世纪的历史了。1929年，该地中兴乡（现名中兴公社）的农民燕某曾在他房屋旁的沟渠底部发现玉石器一坑，当时即引起了人们的注意。1933年冬，前华西博物馆葛维汉等人曾在此进行发掘。① 1949年以后，四川的各考古机构曾先后在其地做过数次调查，证明这里是一范围很广的古代遗址。② 1963年秋，四川省博物馆和四川大学历史系考古教研组再次在此做过试掘。③ 1964年春，当中兴公社农民在距原发现玉石器的地点50—60米处掘坑积肥时，又发现石器一坑，其中有成品、半成品和石坯。④ 经过数十年来的调查发现，现在我们对广汉遗址的时代和性质，已有一定程度的了解，因而有

---

① D. C. Graham, "A Prelminary Report of the Hanchow Excavation", *Journal of the West China Border Research Society*, Vol. VI. 1933—1934. 林名均：《广汉古代遗物之发现及其发掘》，《说文月刊》第3卷第7期。
② 西南博物院筹备处：《宝成铁路修筑工程中发现的文物简介》，《文物参考资料》1954年第3期；王家祐、江甸潮：《四川新繁、广汉古遗址调查记》，《考古通讯》1958年8月；四川大学历史系考古学教研组：《广汉中兴公社古遗址调查简报》，《文物》1961年第11期。
③ 四川省博物馆、四川大学历史系考古学教研组：《广汉中兴公社试掘简报》，未刊稿。
④ 资料现存四川省博物馆。

条件对广汉出土的玉石器做进一步的研究。这对于我们了解古代蜀国的历史和某些典章制度，是有帮助的。

关于1929年发现玉石器的实况，据传当燕家挖掘堰沟将文物暴露出来以后，随即将其掩盖，待夜深始搬运回家。这些玉石器不下三四百件，其中有玉圭、玉璋、玉琮、玉斧、"石璧"等。至于它们在坑中的位置，则说法不一。一种说法是"石璧"系叠积于坑中，大者在下而小者居上，形如一塔，仅由于埋在土中日久而略有倾斜，旁边则放置其他玉器。另一种说法谓坑呈长方形，坑的两边各竖"石璧"一列，由大而小，中间置玉器，其上又平覆"石璧"一列，亦由大而小。1949年前后，笔者曾数次向燕家当时在场的人询问，但由于事隔已久，而且时值深夜，人多手杂，已不能道其详。以情理推之，当以第一种说法的可能性较大。

广汉玉石器出土以后，即多遭散失。有的被古董商人转卖①，有的被地主官僚霸占，有的被外国人收购②。直至1949年以后，仅存者才回到人民手中。现在一部分藏于四川省博物馆，一部分藏于四川大学历史系博物馆。本文所讨论的，主要就是这些资料。

玉　斧

共存三件。形式不太一致，软玉质，呈紫灰褐色，通体有粉白色斑纹。其中最大的一件（AK3·2:113913）长达36.3厘米，

---

① 在解放以前成都的古董市场上，甚至有伪造广汉玉器出售，因此某些著录中所收广汉玉器，亦有赝品。
② D. S. Dye, "Some Anciens Circlea, Squares Angles and Curves in Earth andin Slone in Szechuan", *Journal of the West China Border Research Society*, Vol. Ⅳ, 1930—1931。

斧身呈梯形，弧刃。其次的一件（AK3·2:182）长34厘米，斧身呈方形，平刃。最小的一件（AK3·2:110484）长26.5厘米，斧身略呈梯形，弧刃。制法是先打制成坯后再行研磨，中间不加细琢，所以有的地方打制时留下的疤痕尚清晰可见。刃自一面磨成，实际上略似石锛的刃。

斧的名称，并不见于《周礼》或先秦其他典籍所记载的礼器之中，但有人认为斧是圭的原型，所以也称这种玉制斧形器为圭，如清吴大澂《古玉图考》中第一器名为镇圭，实际上只不过是一扁平穿孔石（玉）斧而已。这种说法到近代仍然有人采用。① 古代所谓圭是否源出于石斧，当在后文讨论，不过在考古学上均习惯称此斧形玉器为斧②，而以长条形扁薄而剡（音演，尖锐之意）上者为圭③，所以我们仍旧沿用了斧的名称。不过此类玉斧似乎不是实用品，而是一种礼器，这从它的质料可以得到证明。

斧在中国古代，是一种权力的象征，其来源相当久远。在新石器时代，斧本是一种主要由男子使用的生产工具，同时也是一种武器。到了社会发展到阶级和国家开始产生时的军事民主制阶段，斧就变成了酋长权威的标志。进入阶级社会以后，这种传统仍然保留下来，如早期甲骨文字作 ☖、△ 诸形，而金文则作 𠄎、𡉠 等形，过去已有人论证过这应该是斧钺之象形④。在奴隶制社会

---

① 郭宝钧：《古玉新诠》，《国立中央研究院历史语言研究所集刊》第二十本下册，1948年。
② 如中国科学院考古研究所编著：《沣西发掘报告》，文物出版社，1962年，图版八八：1。西周墓葬中出土的"玉斧"，形制与此相同，不过有穿孔而已。
③ 如图版八七：6 西周墓的玉圭、图版一〇二：11 东周墓的石圭及《辉县发掘报告》图版五四：2—5 固围村1号墓出土的玉圭等。这种圭可能是圭的最后的正式形式，也就是汉代公认的圭，嘉祥武氏石室"玄圭"画像即其例。
④ 林沄：《说"王"》，《考古》1965年第6期。

里，当国王举行朝觐、飨射、封国命诸侯等重大仪式时，必然要以绣画斧钺图形的屏风作为陈设。① 直至封建社会，皇帝出行的大驾卤簿里，仍然保留有斧钺之类的仪仗。正因为斧在历史上曾经起过礼器的作用，所以在广汉的玉器中出现斧，就不是偶然的了。

玉璋

这是广汉玉器中最特殊的一种，共存三件。其中最长的一件（AK4·2:313）长达56.1厘米，另一件（AK4·2:35）长41.4厘米，再一残件（AK4·2:110482）残长39厘米，计其全长当在45厘米以上。器形均甚薄，在4—5毫米之间。质料与玉斧相同，上面也布满白斑。

三件璋的首部均剡出呈叉形，一尖略长。上有刃，下有柄（亦称为内或邸）。柄上剡有线纹多道，两侧有齿突出。这种璋的特点在于首部呈叉形，而与《说文》所谓的"半圭为璋"即首部呈尖角形的璋不同。

在《周礼》的记载中有所谓的"牙璋"，汉儒以为即指侧面有牙饰（钼牙）的璋。《考工记·玉人》郑玄注牙璋和中璋说："二璋皆有钼牙之饰于琰侧。"又《典瑞》注："郑司农云，牙璋琢以为牙。"以后对牙璋的解释，大致即沿袭了这种说法，不过关于钼牙的位置，由于对注文的理解不同，因而有些出入。有人是将近柄处突出的齿作为钼牙②，也有人以为璋首部（称为射）侧面的

---

① 参考《周礼·司几筵》《礼记·觐礼》《尚书·顾命》《逸周书·明堂解》等节。
② 吴大澂：《古玉图考》，出版信息不详，第21页。

缺齿就是钼牙①。如果细加考察，我们认为上述传统的观点都是值得商榷的。

关于牙璋的功能，《周礼·典瑞》说："牙璋以起军旅，以治兵守。"郑玄注引郑司农曰："牙齿兵象，故以牙璋发兵。"此处的牙，是有特定含义的，在器物上应占突出的部位。而在与璋同类的玉器柄部制造突齿，却是一普遍的现象，如《古玉图谱》初集25 至 28 页各图所载的钺、戚形器（共八件），其下部两侧即均有齿饰。② 又如沣西西周墓葬中所出的玉戚，其柄侧也有齿饰。③ 因此，以柄侧的齿来作为牙璋的特征，是不符合事实的。

关于周代玉器在柄侧作齿的目的，应从另一个角度进行考查。当时的礼器在使用时，常以丝带之类穿系，以示隆重。《考工记·玉人》记有"驵琮"，郑玄注："驵，读为组。以组系之，因名焉。"又《典瑞》说"驵圭璋璧琮琥璜之渠眉，疏璧琮以敛尸"，注"以组穿联大玉沟瑑之中以敛尸"，所以玉器柄部的齿饰，可能就是这种系组的"沟瑑"，它可以起防止系带滑落的作用，这与象征军旅的"牙"是无关的。

关于这种系组的齿饰，汉人称之为"捷卢"。《周礼·典瑞》注引郑司农曰："驵外有捷卢也。"唐贾公彦疏："捷卢若锯齿然。"孙诒让《周礼正义》更进一步引段玉裁的话解释道："捷卢若锯齿然者，《周颂·有瞽》毛传，《说文》莘部皆有捷业如锯齿之语，故用此绎捷卢以绎钼牙也。"孙诒让接着推论道："捷卢之卢疑与

---

① 蒋大沂：《古玉兵杂考》，《中国文化研究汇刊》第 2 卷，1942 年。此文中所举广汉四器，全是赝品。第一、二器乃凭空臆造，第三、四器作者称为"璋邸射"即略照本文所收之器而伪制。
② 这批玉器的时代大致都在殷周之间，参见郭宝钧：《古玉新诠》，第 9—11 页。
③ 见中国科学院考古研究所编著：《沣西发掘报告》，图版八八：2，"玉戚"。

锴同。《说文》金部云：'锴，错铜铁也。'盖谓剡玉外为鉏牙若捷业锴错之形云。"我们以为这种解释是正确的。

至于将璋射部侧面的缺齿作为"鉏牙之饰"，则缺乏出土文物的佐证。此类玉器发现极为稀少，就现有材料而言，被人们视为实例的仅劳弗尔《中国古代玉器》所载一器①及林巳奈夫《中国古代的祭玉、瑞玉》所载二器②。劳弗尔书中记录的璋，形制与标本 AK4·2:35 相同，仅射上开刃处有不规则的细小缺口一串，这种缺口是否是当时有意加工所成，尚待进一步研究。林巳奈夫所录二器，前者一端侧面虽有不显著的牙饰两个，但从璋的形制来看，此端齐平而不尖锐，所以应为柄部而非射部。后者器形与圭相同，不能视为璋。再者，以上三器均属传世品，在科学的考古发掘中尚无所见，所谓"有鉏牙之饰于琰侧"的璋是否存在，实属疑问。

我们认为，要考证牙璋的真实形制，首先应从它的社会职能着手。牙璋是与军旅有关的，其作用与后代的虎符相似。之所以名为牙璋，是因为牙含有尖锐、攻击、示威的意义。一般的璋的射部，本来是一侧垂直，一侧斜上，有如半圭，而广汉出土的这三件璋，其射部剡出呈叉形，中间开刃，它的形状正像牙齿，而且直伸向前，攻击、威胁之义十分明显。因此我们推测《周礼》所谓的牙璋，很可能就是指此而言。

璋和圭器形相近，二者都是奴隶制社会重要的礼器，关于它们的起源，有的人认为是石斧，有的人认为是骨铲，不过由于从石斧、骨铲到圭、璋的过渡形式尚未发现，所以这种可能性不大。

---

① B. Laufer, *Archaic Chinese Jades*, 1927, PL. VI：3.
② 林巳奈夫：《中国古代的祭玉、瑞玉》，《东方学报》第 40 册，插图五四：3—4。

1949年以来，在一些晚商至西周时期的墓葬中，出土不少玉戈或圭，其形式多在戈与圭之间。① 在上村岭虢国墓中共出石戈503件，主要可分二式，其下又分若干型，有些型与圭、璋极为相似。所以编写者推测道："这类石戈非实用性武器，而是具有宗教意义的象征性武器。IE型和后来的石圭相同，ⅡC型和后来的石璋相同，圭璋可能即从石戈演变而来。"② 我们认为这是很可能的。不过圭、璋之属的另一来源，还可能与殷周时期的所谓砺石有关。在殷周的墓葬中，时出一些长方而略似梯形的薄石片，一端有穿可以悬挂，考古学上称之为砺石。③ 过去传世或出土的一种长方而略似梯形的玉版，一般亦称之为圭④，如果命名不误，那么，这类圭似应源自砺石。因为自金属利器发明以后，砺石就成了人们随身携带之物，以后演变成统治阶级的礼器，也是可能的。在《周礼》中，圭、璋之属名称很多，功用各异，形状有别，我们有理由推测其演变的来源，也应该是多样的。

---

① 马得志、周永珍、张云鹏：《1953年安阳大司空村发掘报告》，《考古学报》第9册，图版二〇：5—9；中国科学院考古研究所编著：《沣西发掘报告》图版八六：2、6。
② 见中国科学院考古研究所编著：《上村岭虢国墓地》，科学出版社，1959年，第20页。
③ 马得志、周永珍、张云鹏：《1953年安阳大司空村发掘报告》，《考古学报》第9册，图版二二：1—4；中国科学院考古研究所编著：《沣西发掘报告》，图版七一：8；中国科学院考古研究所编著：《辉县发掘报告》，科学出版社，1956年，图版一六：20；中国科学院考古研究所编著：《洛阳中州路（西工段）》，科学出版社，1959年，图版五三：4。
④ 如《古玉图考》中所谓的"镇圭"（图5、6、7）、《古玉图谱》初集卷1图3、5、6等，其形式均与上举的砺石无异，又最近安阳殷墟五号墓亦出这种圭六件。

玉 琮

四川省博物馆藏一件（AK：2·2:110485），色微黄，有光泽，通高 11 厘米，径 9 厘米。另四川大学历史系博物馆有两件，体较小，上有琢饰。

在田野发掘中，殷代早期偃师二里头遗址中就出土了玉琮残片。① 到殷代后期，以安阳侯家庄殷陵中出土较多，而一般的殷墓则少见，例如在大司空村的 166 座殷墓中，仅出一件。② 最近发掘的安阳殷墟五号墓中，就曾发现十余件。③ 琮在西周以后即发现甚少，如殉玉石器丰富的上村岭虢国墓、固围村一号墓的埋玉坑，出土玉礼器及玉饰甚多，但皆无琮。其他仅沣西张家坡西周居住遗址中出一残片④，洛阳中州路东周墓中出一石琮⑤，辉县褚邱战国墓中出一玉琮⑥，可见其使用时期不长，范围亦不普遍。

在古代，琮是一种阴性和土地的象征。《周礼·春官》："以苍璧礼天，以黄琮礼地。"又《玉人》："驵琮五寸，宗后以为权。大琮十有二寸，射四寸，厚寸，是为内镇，宗后守之。""琥琮八寸，诸侯以享夫人。"但是琮为什么会具有这种含义，后人的解释至为

---

① 中国科学院考古研究所洛阳发掘队：《河南偃师二里头遗址发掘简报》，《考古》1965 年 5 期，图版五：10。
② 马得志、周永珍、张云鹏：《1953 年安阳大司空村发掘报告》，《考古学报》第 9 期。
③ 中国社会科学院考古研究所安阳工作队：《安阳殷墟五号墓的发掘》，《考古学报》1977 年第 2 期。
④ 见中国科学院考古研究所编著：《沣西发掘报告》图版六一：4。
⑤ 见中国科学院考古研究所编著：《洛阳中州路（西工段）》，图版五一：8。
⑥ 见中国科学院考古研究所编著：《辉县发掘报告》图一五五：1。

纷繁。如有人认为琮的形状外圆内方，有天圆地方之意;① 有人认为琮中部的圆管代表女性的子宫;② 有人认为琮最初是一种宗庙里盛"且"的石函。③ 以上说法，均缺乏文献的或实物的证据，因而是不可靠的。日本人林巳奈夫最早提出琮的来源可能是一种妇女的手镯，以后逐渐演变成为礼器。④ 考虑到在龙山文化⑤、仰韶文化⑥和大溪文化⑦的遗物中，均有一种圆筒形的手镯，其质料有玉、石、陶、骨、象牙等种，这类手镯以后由饰物发展成礼器，是一件相当自然的事，因此我们认为这一假设可能是比较合理的。至于琮所具有的代表地、雌、坤、阴等含义，也是在女性饰物这一基点上，随着奴隶制社会唯心论宇宙观的形成而出现的。

玉　钏

共三件，一件完整，两件残缺。完整者（AM1·2:12）外径7.2厘米。两残件藏四川大学历史系博物馆，质皆为软玉，紫褐色，略带粉斑，制作轻薄，是广汉玉器中最为精致的。在此以前，这种玉器未见著录，也无人收藏，所以其功用不明。最初有人称

---

① B. Laufer, Jade, A Study in Chinese Archaeology and Religion, Field Museum of Natural History, Publication 154, Anthropological Series, Vol. X, 1912.
② Ed Erkes, Idols in pre–Buddhist China, Artibus, Asiae 1928。
③ Karlgren: Some Fecundity Symbols in Ancient China, BMFEA No. 2, 1930。
④ 林巳奈夫：《中国古代的祭玉、瑞玉》，《东方学报》第40册，插图五四：3—4。
⑤ 王思礼：《山东安邱景芝镇新石器时代墓葬发掘》，《考古学报》1959年4期，图一一：8—9。
⑥ 中国科学院考古研究所：《庙底沟与三里桥》，科学出版社，1959年，图三四、三五。
⑦ 巫山大溪新石器时代墓葬出土此类镯甚多，如骨镯（M8：12）、刻花骨镯（M5：22）、象牙镯（M21：1）等，资料现存四川省博物馆。

之为"乳盖",或称之为"璧琮",但均无任何根据。1955年,云南晋宁石寨山古墓群出土这种玉器40余件,色泽、质料、制作、式样与广汉出土的完全一致,分布在14座墓中,一墓最多的可达六七件。① 再从出土的铜铸像、刻像来看,这类玉器均戴在腕上,这才证明它应该是钏的一种。其后在江川李家山也有出土,② 可见这是滇人上层社会常用的装饰品。

这类玉钏在中原地区也有发现。它最早见于商代后期的"妇好"墓,其次在陕西省扶风县陈村西周晚期遗址中也有出土③。在华南地区,则见于香港的东湾④。所以我们推测这种饰物可能发源于中原,但以后在南方地区延续使用了很长的时间。

石　璧

广汉出土的"石璧",最令人感兴趣。它的数量达数十件,均用粗砂石制成,加工粗糙,磨镟之迹宛然,器形大小不一。其最大者外径达70.5厘米、孔径19厘米、厚6.8厘米,重达百斤以上;其小者外径11厘米、孔径4厘米、厚1厘米。如此粗糙而笨重的石器,显然不是礼器,因此称它为璧也不一定恰当,但是由于它的功能目前仍在讨论之中,在未得最后结论以前,本文仍从

---

① 云南省博物馆:《云南晋宁石寨山古墓群发掘报告》,文物出版社,1959年,图版一一二:6—7。
② 云南省博物馆:《云南江川李家山古墓群发掘报告》,《考古学报》1975年第2期,图版二三:1。
③ 据童恩正1976年6月在工地参观所见。
④ 陈公哲:《香港考古发掘》,《考古学报》1957年第4期,图版六:4,该文称之为"凸唇玉环"。

旧说，暂以"石璧"名之。

关于这种"石璧"的用途，过去有人认为是古代的一种货币，并以此与叶玻岛（Yap）巨大的石璧状货币相比较，① 也有人认为与后代的圜钱有关。② 但作为一般等价物的货币，必须具有容易分割、便于携带、本身具有价值等特点，这种笨重的"石璧"并不具备作为货币的基本条件。即以叶玻岛的石璧状货币而言，外国学者争论颇多，至今尚有不同意见。③ 因此我们认为这种说法是难以成立的。

另外一种意见，则认为这可能是一件衡权。④ 笔者认为此说比较合乎实际。我国衡器的产生，已有悠久的历史，在传说中尧的时代，就开始有了记载。⑤ 尧的确切时代虽不可考，但大致说来，衡器应当是在新石器时代晚期，随着私有制的出现而产生的。最早的衡器，就是一种天平。《汉书·律历志》所载"衡权者，衡，平也，权，重也，衡所以任权而均物平轻重也"，就是指此而言。

从记载来看，古代衡权（砝码）的形状，是完全和璧一样的。《尔雅·释器》："肉倍好谓之璧。"而《汉书·律历志》解释"权"也说："圜而环之，令之肉倍好者，周旋无端，终而复始，无穷已也。"从地下出土文物来看，湖南楚墓所出春秋战国之际的砝码，由于是称金用的，所以重量较轻，且为铜制，但形状亦为环形，看来也是从璧形砝码发展而来的。⑥

从衡权的重量来看，由于当时尚不知杠杆原理，没有发明秤，

---

① 郑德坤：《四川古代文化史》，第34页。
② D. S. Dye, "Some Anciens Circlea, Squares Angles and Curves in Earth andin Slone in Szechuan", *Journal of the West China Border Research Society*, Vol. Ⅳ, 1930—1931。
③ David M. Schnejder, "A Warning in Regard to the Stone Money of Yap", *American Anthropologist*, Vol. 78, December 1976。
④ 这种意见，主要是张勋燎同志最早提出的。
⑤ 《尚书·尧典》有"同律度且衡"之语。
⑥ 高至喜：《湖南楚墓中出土的天平与法马》，《考古》1972年第4期。

所以无论被称的物品有多重，权的重量必须和它相等，这就是所谓的"权与物均而生衡"。《汉书·律历志》记权的种类云："权者，铢、两、斤、钧、石也，所以称物平施，知轻重也。……一龠容千二百黍，重十二铢，两之为两。二十四铢为两。十六两为斤。三十斤为钧。四钧为石。"这就是说，最重的权，重量已达一百二十斤，这与广汉石璧是相近的。

至于最初的权的质料，无疑应该是石制的。所以权又称衡石。《尚书·夏书·五子之歌》："关石和均。"《正义》："关者通也，名石而可通者，惟衡量之器耳。"《礼记·月令》："同度量，钧衡石。"《淮南子·时则训》："令官市同度量，均衡石。"均可为证。不过这种衡石的实物，迄今尚无报道。我们颇疑从新石器时代到殷周某些遗址和墓葬中出土的石璧，有可能就是这种衡石。根据礼器一般来源于实用器的规律，则后世的璧应该是由衡石发展而来的。

由于权是衡量财富用的，所以，在某些原始民族中，它也可以作为财富的象征。在甘肃武威皇娘娘台曾经发现过一座属于齐家文化的一男二女合葬墓，随葬的制作粗糙的"石璧"达80余件之多，① 可能即有这种含义。

正因为广汉发现的"石璧"是作衡石用的，所以才有从大到小的一套；又由于这种大型天平是衡量谷物、矿石等生产品用的，是实用品，所以只要求其重量大致准确，而不必要求美观精致。如果从衡量的假设出发，则广汉"石璧"的若干特殊现象均似能得到合理的解释。

关于广汉玉石器的时代，我们可以根据数十年中积累的材料

---

① 据童恩正在甘肃省博物馆参观所见。

进行分析。1933年，前华西大学博物馆曾在玉器出土的原址开坑试掘，从地层关系和出土陶片看，玉石器应与周围的遗址处同一时期，因此，我们推测其时代，暂时亦以遗址出土的器物作为标准。广汉遗址陶器上的云雷纹，是中原殷周铜器上常见的纹饰。陶器的豆、钵的器形，压印圈纹和凹平行弦纹等纹饰，以及小平底、盲鼻、錾、器钮的风格，均与成都羊子山土台遗址①和新繁水观音晚期墓葬②出土的陶器有相似之处。按土台遗址据原报告推测，可能是春秋时代的建筑，夹杂在其中的陶片，当更早一些。新繁水观音晚期墓葬的时代则为西周。因此我们推测广汉遗址的时代在西周后期至春秋前期，可能不致大误。

广汉玉石器埋藏的性质，过去有人认为是古代蜀国帝王的墓葬，有人认为是祭山川之所。现在看来，以属于窖藏的可能性较大。根据我们在1949年后多次在广汉调查和试掘的情况来看，这里文化层的堆积很厚，范围也相当广泛。很可能此处原来是古代蜀国一个重要的政治经济中心，而发现玉器的地点，即为其手工业作坊所在地，历年来出土的玉石成品、半成品和石坯，应该就是这个作坊的遗物。但不知由于什么原因，这个作坊突然被废弃，人们只能仓促将所有的产品埋藏起来，以后也就没有机会再来挖掘，所以保存至今。③

在秦灭巴蜀以前，四川地区是被称为"夷狄"之国的。所以

---

① 四川省文物管理委员会：《成都羊子山土台遗址清理报告》，《考古学报》1957年第4期。
② 四川省博物馆：《四川新凡县观音遗址试掘简报》，《考古》1959年第8期。
③ 对此我们亦有一假设。据《蜀王本纪》和《华阳国志》的记载，蜀的统治者原为杜宇氏，以后为开明氏所取代。据《华阳国志·蜀志》载，开明氏传位十二世，《路史·余论》则记开明经十一代三百五十年为秦所灭。按秦灭蜀为公元前316年，经上推算则开明氏取代杜宇氏的时间约在公元前666年左右。广汉玉石器作场的突然废弃，可能即与这一历史事件有关。

《汉书·地理志》说："巴蜀广汉本南夷，秦时通为郡县。"广汉玉石器的出土，说明蜀国的统治者早在西周时代即已经有了与中原相似的礼器、衡量制度和装饰品，这除了对于研究蜀国的历史有重要价值，而且再一次证明了四川地区与中原悠久而紧密的历史联系。

（本文与童恩正同志合著，原载《文物》1979年2期）

四川彭县出土的铜器

　　1960年彭县蒙阳镇竹瓦街所出的一批铜器，包括兵器和容器，共21件，多为精美的巨器，以其数量及制作而言，实为近年来四川出土的一批最重要的青铜器。其报道已见于《文物》1961年第11期。

　　从发现的情况看，这批铜器大概系一窖藏。八件容器和十三件兵器同贮于一陶缸中。缸在筑路时已被挖碎，形状已不能见。自残片观之，高度及直径均当在1米以上，质料为灰褐色粗陶，外布粗绳纹，与广汉中兴公社古遗址①所出的粗灰陶颇为相似。而这一批铜器出土的地点，距该遗址中心地带月亮湾亦不过15千米左右。

　　我们研究这一批铜器，首先须探索它们的时代，其次既认为系一窖藏，当考察是何时所藏。我们可先从兵器——特别是勾兵——入手，因为可资对比的材料近年来发现得比较多。兵器中，计有勾兵即戈八件，戟一件，矛一件，钺两件，斤一件。

---

① 广汉中兴公社古遗址自发现以来，虽经多次调查，但未经发掘。其最近一次的调查报道，见四川大学历史系考古学教研组：《广汉中兴公社古遗址调查简报》，《文物》1961年第11期。该简报断定此一遗址的时代为西周。

戈八件,按其形式可以分三式。

Ⅰ式(两件)(图一,1、2):长援,方内,无胡,一穿,内上有一小圆穿。此式戈与新繁水观音遗址墓葬中出土的戈①几乎完全相同,而水观音的墓葬被认为属于殷周之际,是在四川发现的最早的青铜时期的墓葬。这种戈和晚殷及西周初期的一些戈大体上相似,除阑有上下齿外,一般尚有一长形穿。它们在四川的时代,最晚的可到西周中期。

Ⅱ式(三件)(图一,3—5):援稍变短而后部加宽,因此中部往往有一显著的脊,援后部有一圆孔。阑不再有上下凸出的齿,有的后部作弧形。无胡,两穿。长方形内,中部有一圆穿。

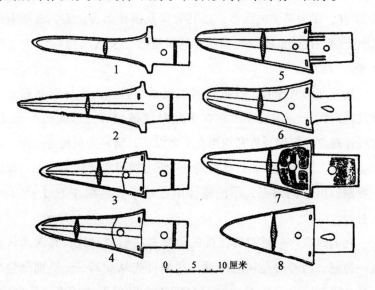

图一　彭县竹瓦街出土的铜戈
1、2:Ⅰ式戈　　3、4、5:Ⅱ式戈　　6、7、8:Ⅲ式戈

---

① 四川省博物馆:《四川新凡县观音遗址试掘简报》,《考古》1959 年第 8 期。

这种戈虽然因宽援有穿而可被视为一种蜀式戈,但晚殷和西周初期的墓葬中亦偶有出土,仅形制略有不同而已。① 其在四川的时代大概为西周初期以至中期。

Ⅲ式(三件)(图一,6—8):援部愈变宽短,中有脊直通于后部之穿,穿有时甚大。无胡,一般为两穿。阑作弧形。方内,有的内上之穿变为一端钝圆、一端尖锐的形状,尖锐的一端距阑甚近。此种特征,对于装柲是一种进步的演变。因柲将内上之穿掩去一半(尖锐的一端),系戈之绳绕过前后之穿直接着力于柲上,使之系得更紧。再则阑为弧形,上下之尖锐处可以嵌入柲内,使装置更为稳固。此类戈的援上往往铸有花纹,如此次出土的饕餮纹戈,其援的后部阑外铸一饕餮纹,援后的圆穿很自然地构成饕餮的鼻孔,设计颇巧。殷周青铜武器原见有饰饕餮纹者,如《善斋吉金录》《周金文存》《邺中片羽》等所收的殷戈(援的后部近阑处)和钺上即有之,但其纹样不及此戈上之匀称和自然。

这类戈大致属于西周中期一直到春秋末或战国初;愈晚者,援上之穿愈变大,援上往往有圆斑,而内上之穿多作两端尖锐之斜长方形。今此两例,尚系属于此式戈的早期形式。此式戈在若干收藏家的图谱中被称为"戣"或"戬"者。

鸟纹戟(一件)(图二,1):刺与戈分铸。戈如上述Ⅱ式,内与本上各有一小圆穿,本后沿有两方形穿。援上铸鸟纹,狭长的鸟身与翼构成援脊,鸟首反转回顾,构图精巧。刺作戈援形而中

---

① 马得志、周永珍、张云鹏:《1953年安阳大司空村发掘报告》,《考古学报》第9册,图版一一:3,Ⅱ式戈中有一种直内戈,此种直内戈援宽而短,中部有脊,后部有圆穿,阑上下出齿而无穿,当较"蜀戈"Ⅰ式为早,也可能是"蜀戈"Ⅱ式所自出。郭宝钧称殷墟出土的这种蜀式戈为"三角形戈"(见郭宝钧:《殷周的青铜武器》,《考古》1961年第2期),据其统计,小屯出土35戈、武官村14戈、四盘墓6戈、大司空村39戈(共94戈)中,此种戈仅有两柄。

空，中空部分近器长的三分之二。后部收缩成椭圆形短箍，箍的两边各伸出约1厘米长的方形小舌，舌端有凸出的矮脊，大概是便于系绳于柲而免滑脱的。銎亦作椭圆形。刺身铸鸟纹与戈相同，两边不对称，后部一边随鸟首反顾之形而凹入。

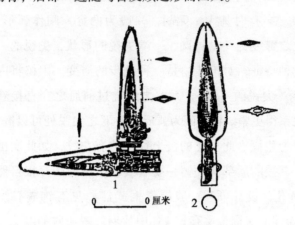

图二　彭县竹瓦街出土的戟和矛
1. 鸟纹戟　2. 矛

　　刺与戈二者本不知其原来的装置，不过其上的花纹完全相同，刺的形状又似戈而非戈，似不能单独作为一种兵器，而可能为早期戟上的刺。按中原最初的戟，谓为一种戈、矛混合器，但矛骹形圆，而戈柲的横断面则为卵形的椭圆，二者装置实为不合。戈柲必须作卵形的椭圆者，因戈为勾兵，执柲于手中时必须能凭触觉知道援的方向，以便勾击。矛则为刺兵，执于手中时不必考虑旋转方向，故矜形浑圆。《考工记·庐人》说："凡兵，勾兵欲无弹，刺兵欲无蜎，是故勾兵椑，刺兵抟。""椑"即是椭圆，"抟"即是浑圆。所以发现的戈镈（一般属战国时期）均为扁圆，而矛镦（多出于东周墓葬，西周罕见）则浑圆，这是与戈柲、矛矜的形状相合的。今此刺上的銎作椭圆形，适装置于戈柲之顶，故将其与鸟纹戈合而为戟。但实际上是否原来如此，因其为四川出土的此类唯一的标本，尚不得而知。

矛（一件）（图二，2）：全长达32厘米，叶最宽处近8厘米，骹约长9厘米。骹上两边各铸一蜥蜴类爬行动物，两后足踏于骹纽上，两前足攀于上，嘴则压于鸟纹的首上，口吐舌。鸟纹背脊凸出，构成矛的中脊。此为四川发现的最大、最精美的铜矛。

从矛的一般形制来说，早期如殷墟出土的矛多巨制。有的骹长几与锋刃部相等，骹端有箍，箍上有双纽，刃作尖叶形而中部有脊。有的叶末向銎端延长，于其末留两小孔，以备系绳。西周的矛出土不多。后期如春秋战国时的矛形制多小，刃部厚重而骹短，大概都是与戈合装而成戟的。今此矛刃部作尖叶形而长大，骹短而端无箍，论形制既不同于康侯矛，亦与越王矛异。① 从其上的鸟纹看，与戟大约属于同一时期。

骹铜钺（两件）（图三，1）：同为一式，形制大而质薄，显然是仪仗之类。刃部作半圆形，中空，刃的后部出V形槽以受楔，尚未形成真正的銎。钺身正中有一小孔，通于两面，大概是便于系钺于楔而免其脱落的。按川西地区最早的钺仅为一半圆形的刃部，其后，刃后中空部分逐渐延长而成为椭圆形銎。所以此两件钺从形制看，时代当不至过晚，但亦非早期的钺。

斤（一件）（图三，2）：与西周时期的一般铜斤同，不具论。

这一批兵器，所属时代早晚并不一致，其中戈的发展痕迹比较显著。蜀地早期的戈，形制略同于殷周，后来虽同是勾兵，却逐渐演变为地方的特有形式，由此亦可以看出早期"蜀人"与中

---

① 康侯矛见《考古学报》1956年第4期，图版八右；越王矛见《周汉遗宝》，图版五四金错矛。

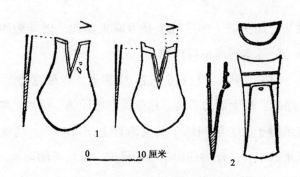

图三 彭县竹瓦街出土的钺和斤
1. 钺   2. 斤

原文化的关系。这一批兵器中没有我们认为属于晚期的勾兵,例如无长胡带翼和长胡有牙式的戈,所以它们最晚不能晚于西周末期。①矛、戟从花纹和形制看,当较晚,但亦当不晚于春秋初期。这些兵器均系巨制——戈长均在 25 厘米以上,其上有纹缋的均制作精美,可能是仪仗中的武器,而非实用之具。特别是钺,质薄而大,绝非用于斩伐。这些兵器,从形制和纹饰看,大概均为四川本地所铸。

出土容器共八件,尊一、觯二、罍五,均为酒器。其中尊、觯的来源与罍的来源显然不同。兹为分述如后。

饕餮纹尊(图四,1):制作与殷周时期一般的圆柱形尊相同。腹未鼓,腹上饕餮纹裂口巨眉,目鼻悉具;填以雷纹,上下各有弦纹两道。通高 27 厘米。

牧正父己觯(图四,2):器身矮粗,通高 15.3 厘米。颈腹之交两面各饰一饕餮纹,圈足上部饰目雷纹一周(共四)。器内底上

---

① 关于川西地区戈的演变和时代,参看拙著《关于"楚公豢"戈的真伪并略论四川"巴蜀"时期的兵器》一文,《文物》1961 年第 11 期。

有铭曰"牧正父己"。

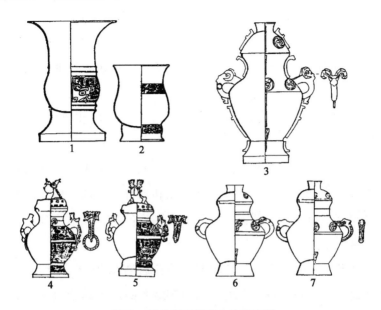

图四　彭县竹瓦街出土的铜容器

1. 饕餮纹尊　　2. 牧正父己觯　　3. 盘羊首耳涡纹大罍
4. 蟠龙盖饕餮纹罍之一　　5. 蟠龙盖饕餮纹罍之二
6. 兽耳涡纹罍之一　　7. 兽耳涡纹罍之二

覃父癸觯：形同牧正父己觯而略小，通高13.3厘米。颈腹之交饰云纹一周，其他全素。器内底上铭曰"覃父癸"。

两觯制作甚精，锈色翠绿中带青，苍润欲滴。以形制、花纹及铭文款式而论，上述三器可能为晚商殷人之器，① 其非蜀地所铸是很显然的。其来源可能为交换、赐予或掳掠。由觯内底上铸有器主的氏族及名号的铭文来看，来自掳掠的可能性最大。值得注意的是，这是四川出土的最早的中原青铜器，可以说明早期蜀人

———————
① 参见徐中舒教授对铭文及器的考证。

与殷周的关系。

五件罍，一大而四略小。四略小者中，每两只的大小、形制、纹饰大体上相似，故可视为两对。

此五件罍，亦可视之为列罍。列罍在川西出土已非首次。在抗日战争期间，曾出过一套，亦为一大四小，成都之古玩家至今犹能忆之。惜当时即遭散失，今下落不明，出土地及情况亦不详。①

盘羊首耳涡纹大罍（图四，3）：为五罍中最大的一件，通高68厘米。圆形，广肩，盘羊首耳。盖和器身均有四立棱，盖上每棱之间有一凸起的大圆涡纹，肩上有同样的圆涡纹六。腹下部有兽形鼻。

蟠龙盖饕餮纹罍之一（图四，4）：通高50厘米、身高34厘米。盖上一龙昂首盘踞，角上出而三歧，两前足踞于盖顶，不见后足，身具鳞甲，背项有棱脊，尾尖细。盖边饰云雷纹一周。盖上龙首下正中饰蝉纹一，外饰云雷纹。器口微侈，颈肩之间有弦带纹。兽耳带环，兽为蜥蜴类，首有冠。两耳之间近颈部各有盘羊兽小耳，耳下有牛首纹。两耳之间肩部各饰象纹二，而以雷纹填之。象口突出两尖钉以作象牙。象前后各有鸟纹一。肩腹之间有宽弦带纹一道。腹部两面各饰饕餮纹二，大口巨目，眉上翘。器腹下部有鼻。圈足上饰雷纹及夔纹，每面两夔纹之间有一小牛首纹。

蟠龙盖饕餮纹罍之二（图四，5）：形状与罍之一相同，略矮，通高48厘米、身高31厘米。龙盖亦与罍之一相似，唯龙角中歧作扇形。盖顶龙首下铸蝉纹和雷纹，兽耳亦作蜥蜴形，无环。与罍

---

① 上海市博物馆藏有铜器定名为"兽纹壶"者，可能是此五件小者中的一件。

之一相较，似亦应有环，是否断落，不得而知。肩部两耳之间饰象纹二，象口中出二尖柱以象征象牙。象首之间饰牛首纹，象首上部饰犀纹，两犀之首同合于矮钉柱之下，以象犀角。象后部各有鸟纹。肩、腹之间以宽带纹分隔。腹部每面各铸饕餮纹二，舌尖外吐，舌两边有夔纹倒置。每面两饕餮纹之间有兽形鼻，圈足上部饰夔纹一周，每面各二。全器花纹均以雷纹为底。

此两罍的形状，与殷周时期的圆罍略异。按殷周时期的罍一般为广肩而锐下。此则肩部与腹部几相等，有类乎圆壶。花纹多摹自殷周时期的簋，或者因同为圆形易于模拟之故。花纹繁缛而颇觉堆嵌。如腹部周圈饰四饕餮纹，实感拥挤。又在一器之上，几乎将殷周时期铜容器上一般常用的纹样——蟠龙纹、夔龙纹、雷纹等——都用上了，兽耳尚不在内，大有有空即填而不考虑其效果之感。甚有将纹样倒置者，如罍之二饕餮下之夔纹即是，此虽可能为模拟不纯熟所致，但似乎其用意主要在于"填空白"。

兽耳涡纹罍之一（图四，6）：通高36厘米、身高29.5厘米。盖上饰四凸出的圆涡纹。肩、腹之间有素带纹一道。兽耳无环，两耳之间饰羊首，肩部周围凸起圆涡纹四。器腹下部有兽首形鼻。

兽耳涡纹罍之二（图四，7）：通高37.5厘米、身高30厘米。盖上饰凸起圆涡纹六。兽耳无环，腹下有兽首形鼻。肩部周围饰浮凸圆涡纹六。肩、腹之间饰带纹一道。

这五件列罍，形状和花纹虽大体上同于殷代晚期和西周早期的同类器皿，但骤视之则颇具有独特的地方风格，所以可以视为蜀土本地所铸。其样式和花纹虽取之于当时的中原铜器，但组合意趣不同，故而显出地方色彩。例如饕餮纹罍的蟠龙盖上的立体蟠龙，骤然看来，是最为特异的，但细察之，其头、角、身躯、鳞甲等，几无一不同于一般殷周时期的蟠龙。所异者，殷周时期的蟠龙均用浅浮雕铸于盘、盂类器的底内，① 盘、盂为水器，龙为水栖动物，想是有一定的联系意义的；此则立体而昂首高踞于器盖之顶，功用实等于盖的把手，可视为一种装饰而兼实用的设计了。

这五件器上的花纹都是殷代晚期和西周早期青铜器上所常见的纹饰，没有西周中期以后所盛行的窃曲纹、蟠螭纹等。花纹本身又颇显觕突而带原始风格（如饕餮纹、象纹、夔纹等），是这类花纹在早期的特征。所以若仅从花纹看，铸器当不晚于西周初期；但在蜀土，特别是从当地冶铸发展历史来看，可以晚至西周末，或春秋初。

以蟠龙盖饕餮纹罍为例，蟠龙盖器形很复杂，但是完全看不出合范的痕迹，是一次铸成——浑铸，其浑铸铸法尚不能断定。罍身的外范为四合范，每范上花纹大致相同，合范留下的铸缝非常清晰。内范（内型）是一整块，故器内完全无铸缝痕迹。底范亦是一整块，耳由两合范铸成，有清晰的铸缝可见，耳内中空处尚保存范土，大概耳、环等是分铸后插入器范中的。这种器、耳分铸的铸法，一般认为开始于春秋战国之际，② 但事实上或者要稍早一些。例如上村岭虢国墓中所出的铜壶上带环耳，都是分开铸造，中空处亦保留有范土；而虢国墓群则被认为是西周晚期到东周早期的墓群。③ 所以从铸法上看，这一批铜器当不晚于西周末

---

① 如容庚：《商周彝器通考》，图八二三"蟠龙纹盘"、图八二五"六鸟盘龙纹盘"等。又中国科学院考古研究所编著：《上村岭虢国墓地》，科学出版社，1959年，图版一八（I式铜盘1761：2）、一九（I式铜盘1744：1）等盘内底的蟠龙亦全同，又如康公盂底外蟠龙亦如此。

② 中国科学院考古研究所编著：《洛阳中州路（西工段）》第87页说："第二种（按谓"先铸附件，附件铸成后，把附件嵌入范中，灌注铜液后使附件与器身熔铸在一起"）大约出现在春秋战国之际，应用也比较普遍。"

③ 参见中国科学院考古研究所编著：《上村岭虢国墓地》第12、49页。按环耳在晚殷及早周的铜器如簋、壶、罍等有时即已有之，其环、耳应是分铸的，因不如此，其环则无由套入耳中。容庚、张维持《殷周青铜器通论》中亦有此推测，见第128页。

期或东周初期。

现在再从出土地点以及有关蜀人早期的传说考察这批铜器入土的时代。

按铜器所发现的地方蒙阳镇，位于现在的彭县、什邡、广汉、新繁、新都等县交界处，这一地带在唐为蒙阳县。《太平寰宇记》（卷七三）"蒙阳县"条下说："唐仪凤二年割九陇、雒、新都、新繁、什邡等县，于九陇县界蒙江之北置，故曰蒙阳，属益州。"

此地处于川西平原的西北部，地势较高，河流纵横，最宜于早期农业部落居住，是蜀人早期活动的主要区域。《华阳国志》说：

> 周失纲纪，蜀先称王。有蜀侯蚕丛，其目纵，始称王，死，作石棺石椁，国人从之，故俗以石棺椁为纵目人冢也。次王曰柏灌，次王曰鱼凫。鱼凫王田于湔山，忽得仙道，蜀人思之，为立祠。后有王曰杜宇，教民务农，一号杜主。时朱提有梁氏女利，游江源，宇悦之，纳以为妃。移治郫邑，或治瞿上。

《华阳国志》这一段记载，是综合了其前关于蜀人的传说而写的，取舍虽不一定恰当，但说明了蜀人最早的活动是在川西平原西北部靠山麓地带，逐渐向平原发展。光绪四年重修《彭县志》卷十《沿革志》认为，彭县在东周时期为"蜀王柏灌、鱼凫、杜宇所居"。其说颇多附会，但言蜀族的早期活动区域在故蒙阳县一带，则是可信的。按铜器发现的地方蒙阳镇竹瓦街五显庙附近，东距广汉县中兴乡古遗址于20世纪20年代发现玉器的燕家院子，直线距离不过10千米左右；南距新繁水观音古遗址亦不过六七千米。水观音遗址，我们推测它的时代当在殷代中期以前。其中出土少量黑陶和鬶形器，所以它可能受到陕西龙山文化的影响。至于遗址中的墓葬，从所出的铜兵器看，大概相当于殷代末期或西周初期。广汉中兴乡遗址未经发掘，历次调查中所采集的陶片与水观音遗址的陶器有很多共同之处，但时代当较水观音遗址为晚，因其中出土的有雷纹陶片以及玉、石的璋、圭、璧等，时代大概属于西周。而它又与成都北郊羊子山土台基下地层中的遗址有共同关系，因两处出土的陶片、石璧等完全为同式，不过羊子山所出者应属于广汉遗址的后期。蒙阳镇的铜器群与中兴乡的玉器群应该是同时代的东西，也可能同是窖藏。①

关于蜀人早期历史的传说，西汉时虽保存不少，但留存至今者，仅扬雄《蜀王本纪》中的片断。《太平御览》卷八八八《妖异部四·变化下》引《蜀王本纪》说：

> 蜀王之先名蚕丛，后代名曰柏濩，后者名鱼凫。此三代各数百岁，皆神化不死，其民亦颇随王化去。王猎至湔山，便仙去，今庙祀之于湔。时蜀民稀少。后有一男子，名曰杜宇，从天堕，止朱提；有一女子，名利，从江源地井中出，为杜宇妻。宇自立为蜀王，号曰望帝，治汶山下，邑曰郫。化民往往复出。②

---

① 按燕家院子出土的玉器，为20世纪20年代末燕家于其舍旁掏堰沟时偶尔发现。据传说，当时共出土约三四百件，初并不知珍惜，时时以之赠人，后为古玩商所套购，方始秘不示人。至1949年后尚保存五六件（为圭、璋和璧等），举以赠四川省博物馆。此外唯四川大学历史博物馆在1949年前有十数件，其余均散失。

② 按《蜀王本纪》的此一段记载，《文选·蜀都赋》注、《魏都赋》注、王元长《三月三日曲水诗》序注、《初学记》、《艺文类聚》等均曾引之，《太平御览》亦有两处引之（卷一六八、八八八），各有详略不同，往往差异甚大，唯《太平御览》卷八八八所引较全，今以之为主。

这一段传说比较现实的解释是：在杜宇以前，蜀人的生产状况尚停留在畜牧和极粗放的农业阶段，大概需要时时迁徙，故传为"皆神化不死，其民亦随王去"的想象境界。至杜宇时在农业生产上有了较大的发展。《华阳国志》说："后有王曰杜宇，教民农务，一号杜主。"又说："巴亦化其教而力务农，迄今巴蜀民农时先祀杜主。"是杜宇之于蜀人，亦犹后稷之于周人。因农业上的发展，以前所迁去的"化民"，现在又迁徙回来，"往往复出"了。再者，因为农业发展的需要，必下迁至比较卑湿的地带，如郫县、成都地区（亦为膏腴的农业理想地带）。但卑湿则易有水患，故《蜀王本纪》又说：

> 望帝积百余岁，荆有一人，名鳖灵，其尸亡去，荆人求之不得。鳖灵尸随江上至郫，遂活，与望帝相见，望帝以鳖灵为相。时玉山出水，若尧之洪水，望帝不能治，使鳖灵决玉山，民得陆处。鳖灵治水去后，望帝与其妻通。帝自以德薄不如鳖灵，乃委国授之而去，如尧之禅舜。鳖灵即位，号曰开明帝，帝生卢保，亦号开明。①

若从鳖灵"尸随江上至郫，遂活"的传说来看，鳖灵大概是川西南部习知水性的部落，②也可能是与杜宇族极为近似的部落。

---

① 《后汉书·张衡传》注、《文选·思玄赋》注等曾引之，唯《太平御览》卷八八八所引较全，今从《御览》。
② 荆人鳖灵的"荆"，历来皆解释为古九州之一的"荆州"，即今湖北湖南地。按此传说的地带相去甚远，似与实际不合。"荆"可能是指南方湿热荆棘丛生之地。如《史记·吴太伯世家》："太王欲立季历以及昌，于是太伯、仲雍二人乃奔荆蛮。"太伯、仲雍所奔者乃吴地，为古扬州之域，不得称"荆"；《史记》所称之"荆蛮"也可能是泛指南方而言。

《水经注》江水注下说:"县治(南安)青衣江会,衿带二水矣。即蜀王开明故治也。"郦氏之言,当有所本。据此说,开明故治则当在今乐山、夹江一带,这与传说也可视为相合。鳖灵既习水性,① 故知道当时治水主要在于疏导。《水经注》谓"江水又东别为沱,开明之所凿也",抑或有所据。此即谓将一部分江水导之东北流,使其下入于成都平原,以减轻水患,而人民得以陆处。开明疏导了成都平原的水患,大部分地区为其部落所占据,而杜宇的部落不得不"委国授之而去",退入他们原来所处的较高的山岳地带,所以又幻出杜宇升西山而隐并化为杜鹃的神话。② 所谓"禅让"不过是后来根据汉族传说而做的美化,此中不会没有严重的斗争。此批铜器(也可能包括中兴乡的玉器)的入土,可能是在此时。

望、丛"禅让"的时代,据开明氏的世系来推断,当在西周末期或东周初期。[按开明氏(鳖灵族)据蜀共传十二世而亡,其亡年在公元前329年(秦举巴蜀之年)③。]由此上推十二世(以25年为一世),约当公元前7世纪中叶,这与我们所断定的这一批铜器中最晚的时代也是相合的。

或者有人以为这一批铜器的入土,当在秦灭巴蜀之时。《华阳

---

① 鳖为水族,可能与其族徽有关。
② 前面所举出的鸟纹戟、鸟纹矛上的鸟纹,也可能是杜鹃的图案化。按杜鹃全身(连尾)细长,体上面灰黑色,脑腹部有黑色横条纹,尾羽颇长,有白色横斑,上嘴末端稍曲,爪亦尖利(杜鹃属攀禽类)。铜器上的鸟纹虽经过高度的图案化和美化,但主要特征还是与杜鹃相似的。蜀器的花纹中突出杜鹃,也或者与巴人之于虎纹一样,含有神话及族徽的性质。
③ 秦举巴蜀之年,据《史记·秦本纪》及六国年表,在惠文王更元九年(公元前316年),不过近人根据《张仪列传》及其他材料,证明本纪及六国年表之文显然有误,"后元"当为"初元",故秦灭巴蜀之年当提早13年,即在公元前329年。今从之。

国志》卷三《蜀志》说:"周慎王五年秋,秦大夫张仪、司马错、都尉墨等从石牛道伐蜀。蜀王自于葭萌拒之,败绩。王遁走至武阳,为秦军所害。其傅相及太子退至逢乡,死于白鹿山,开明氏遂亡,凡王蜀十二世。"此处言蜀王"遁走至武阳",武阳在今彭山县境,接近于鳖灵部落旧统治的地方(乐山、夹江等地)。"逢乡"一般以为在今彭县白鹿山麓,距蒙阳镇亦不远。① "白鹿山"即彭县西山的诸山之一,《元和郡县志》说"白鹿山在县(九陇)西北六十一里",《太平寰宇记》亦说"在县北五十里",是蜀太子及其相傅等为秦兵所败时向彭县西山一带退却之处。或者,此一宝藏即为此时所埋乎?不过这一批铜器中无一件可以认为是春秋后期及战国之器,故此种可能性似乎是很小的。虽然不能摒除在秦灭蜀时入土的可能,但总以"望、丛禅让"之际的可能性为最大。

最后,我们虽然可以认为这一批铜器是早期的蜀器,骤视之亦颇具一些地方风格,但细察之,实与西周的铜器是分不开的。尊、觯因是外来器,可置不论。前面认为是本地所铸造的五件罍,其形式、花纹等几无一非殷周铜器中所常见者,其规抚的痕迹是极其显然的。以兵器而论,Ⅰ式戈完全是殷周时期的主要兵器——勾兵的类型。所以,如果认为它们是西周青铜器在边缘地区的发展,如安徽屯溪所出土西周铜器一样,亦无不可。由此也可以证明古代蜀人与周人的关系是很密切的。据《尚书·牧誓》,武王伐商,有蜀人武装参加,于此也可以得到一些验证。

---

① 《彭县志·古迹类》说:"逢乡,今崇德寺,地旧多岩蜜。"是以其地旧多野蜂蜜,因以得名。崇德寺在今白鹿山东麓。

附记： 此文是冯汉骥先生 1962 年所撰，现由四川省博物馆将遗稿整理发表。整理中得到四川大学童恩正同志的帮助。王有鹏整理，刘瑛绘图，陈振戈摄影。

（原载《文物》1980 年 12 期）

关于"楚公豪"戈的真伪
并略论四川"巴蜀"时期的兵器

《文物》1959年第12期上登载了湖南省博物馆从废铜中拣选出的铜戈一件,此戈形制颇异,其内上有"楚公豪秉戈"铭文。高至喜同志根据郭沫若院长对"楚公豪钟"的释文,断定"此戈大约也是西周末年的",并言"这无疑是一件研究楚国早期兵器和文字的一件重要资料"。①

于省吾和姚孝遂两先生则根据此戈的形制、铭文等,举出六项理由证明此戈及其上的铭文均是伪作,并说:"我们完全有理由可以肯定,'楚公豪戈'的铭文是伪造的。从戈本身的形制、银饰来看,器物本身也当是伪制的。"② 其论证甚为精核。不过此戈既非"楚戈",更非殷戈,亦非中原地区西周时期的戈。细察此戈的形制,乃系四川所谓"巴蜀"时期的戈。此戈本身当系真品,其内上的铭文或系后来的伪制。

按此类的戈近来在川西一带发现颇多,其形制主要为:援作等边三角形,援的后部有一较大的圆穿,援与内相接处作弧形,

---

① 高至喜:《"楚公豪"戈》,《文物》1959年第12期,第60页。
② 于省吾、姚孝遂:《"楚公豪戈"辨伪》,《文物》1960年第3期,第85页。

内上的穿有作梭形者，但亦有作斜方形者，均距援甚近。于省吾、姚孝遂两先生认为"凡此种种，都与一般勾兵的形制不符"，故断定所谓"楚公豪戈"的本身亦系伪造。此乃系以中原地区戈的形制以律其他地区的戈，而实际上抑或不尽然。有一种"蜀戈"的形制则正是如此。如最近在彭县蒙阳镇所发现的几件戈，其中即有如此者。其他如近几年来在川西发现的戈当中，亦有作此种形制者。如认为"内"上穿距"援"过近，致使受柲的部位过于狭窄，而其处又作弧形，不便装柲。殊不知此种戈内上的穿系梭形或斜长方形，并且细长，纵使柲将穿掩去一半，甚或三分之二，系柲之绳索亦能从穿中绕过，而系着更紧，因其留有"让性"故也。再者援的后端甚宽，援后端的两穿往往在"内"的界线之外，故纵使系柲之绳（或革）不通过内上之穿，亦可将戈牢系于柲上。总之，虽然我们不能确切知道当时此种戈的柲是如何装置法，但当时的此种制作，必有其一定的用意。

又如援上的圆斑，亦为于、姚两先生认为"是伪造的显证"。不过此类蜀戈上往往有此种装饰，不仅限于此戈。例如重庆市博物馆所藏的一戈即是如此。最近发现的此类的戈，其上亦有圆斑的，但多因在土中腐蚀过甚而不甚明显。至于此类圆斑当时系如何制成，是否是银质，因尚未经化验，不得而知。不过此类圆斑为当时戈上所原有的一种处理，并非经入土后而后显，则是很显然的。

总之，我认为"楚公豪戈"的本身是真品，而且是"蜀戈"的一种。其时代约为自西周后期至战国前期，即至秦灭巴蜀时为止。因为自秦举巴蜀以后，此类的戈即不多见于川西的墓葬中。至于上面的铭文，则可能如于、姚两先生所说，系后来所伪刻。或者贾人将此戈携至外省，见其形制特异，故伪刻铭文以求善价，亦未可知。

在 1949 年以前，四川出土的铜勾兵往往流入外省，而收藏家以其形制既异，又莫知其所从来，往往定为殷器或周器，或名以戣或戬，其实皆为四川巴蜀时期戈类的兵器。再者，已往凡是四川出土的古代器物而带地方色彩者，均以"巴蜀式"称之。但巴、蜀在古代为二国，从古代的记载来看，它们在文化上亦应有相当的区别，但在出土的器物中，何者为"蜀式"及何者为"巴式"，则不能得其详。1949 年以来因考古工作的巨大发展，巴蜀时期的器物出土日多，且多经过科学的发掘，对于巴蜀时期的器物，亦能略加区别。兹将其中主要的兵器略加论列如后，以供研究者的参考。

按自西周初至秦举巴蜀以前，当时蜀国的主要兵器当为戈与矛，钺少见，而剑则至后期方有之，形制上亦与"巴式"剑异，纹饰亦不同。蜀戈的形制，大致上可分为五式：

Ⅰ式：长援无胡，两穿，内上有一小圆穿。此式戈为比较早期的戈，其形制与中原殷周时期的戈略同。

Ⅱ式：援稍变宽短，无胡，两穿，援的后部有一小穿，内上的穿呈梭形或圆形。此种戈较Ⅰ式为略晚，较Ⅲ式为略早，实为一种过渡形式，Ⅰ、Ⅱ两式的戈，其上一般均无纹饰。

Ⅲ式（图五）：援作锐三角形，无胡，两穿，援后有一大穿，内上的穿多作斜方形，援与内间的格微作弧形。此类戈上的纹饰除有圆斑纹外，亦有铸繁缛的花纹的。所谓"楚公豪戈"即属于此式。此式戈的时代，一般属于西周后期至战国前期。

Ⅳ式（图六，1）：援狭长而直，中有显著的脊，直通于后部的大穿，穿隆起颇厚，无胡，两穿，内上的穿多狭长。1957 年成都南郊古墓葬中出土的一戈，即属于此式。此式戈的时代约与Ⅲ式同。

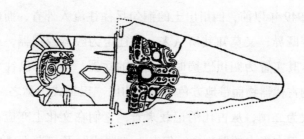

图五 Ⅲ式戈，成都羊子山 M172 出土

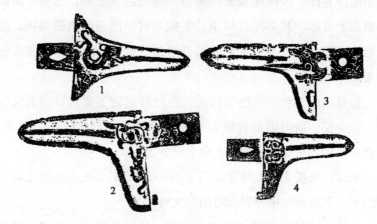

图六 铜戈

1. Ⅳ式戈（1957年成都郊墓葬中出土）
2. Ⅴ式戈（四川博物馆成都征集）
3. Ⅴ式戈（1956年新都县三合场出土，收购）
4. Ⅴ式戈（1957年成都南郊墓葬中出土）

Ⅴ式（图六，2、3）：援部狭长而直，中有脊，至后部下垂为长胡，胡末端向后凸出一牙，以便嵌入柲中。援后部伸出两翼，三穿，内上有小圆穿。此类式的援及翼上多铸有纹饰，为蜀戈中之最精巧及最特异者。其时代亦与Ⅲ式略同。此类戈中亦有变式，如1957年成都南郊所出的一戈（图六，4），长胡三穿与此同，唯无翼及援后不向上凸出，想系一种过渡形式。

此五种形式的戈，均出于川西地区，其他处未见有发现，仅Ⅲ式戈在陕西宝鸡有少数出土。所以我们认为这些戈都是蜀戈，大概是当时蜀人的主要兵器，故其样式特别多。

巴人早期的兵器，至今尚无所知，现在确切知道为巴人的兵器，均属于战国时期。战国时期巴人的戈，均为长胡三穿，与此时期中原的戈无异。但戈非巴人的主要的兵器，故出土亦少。此时期中巴人的主要兵器为剑与钺。"巴式"剑的形制亦颇异，大致作柳叶形，长30厘米左右，中有脊，腊上铸所谓"虎皮"斑纹，剑身宽广，斜肩，扁茎无首，茎上有两穿，接木柄甚长，有的几及剑身之半，肩以上铸或刻所谓手心纹及虎形纹。此类的剑颇多流出外省，鉴赏家多目为"异形"剑，或视为"夏"代剑，其实皆为"巴式"剑，时代亦甚晚。① 四川战国晚期及秦汉之际的船棺墓和狭长形土坑墓中均出之。

"蜀式"剑与"巴式"剑大体上相似，但甚短狭而厚重，扁茎与剑身几不可分，亦无首。茎上亦有两穿，亦系作为装木柄者。蜀式剑上一般均无纹饰。

巴人的主要兵器除了剑之外，尚有钺，较剑尤为普遍。钺身平面为圆形或椭圆形，三面作刃，一面上出为銎，銎甚长而深，作椭圆形。銎身的中部两侧伸出作肩，但銎亦有作桶形者，在发掘中工作人员亦称之为"烟荷包"，因其形有似以往四川农民所用之"皮烟袋"形。钺上无纹饰，仅有极少数在其上刻有一两种类

---

① 例如 [清] 陈经：《求古精舍金石图》收有夏青铜匕首一件；周纬：《中国兵器史稿》，生活·读书·新知三联书店，1957年，第114页，第二十五图，亦收为"夏代铜剑"。按此剑纯为巴式剑，仅花纹摹写失真。又周纬：《中国兵器史稿》，图版三一"周代丁种铜剑"（扁平细茎无腊无首之铜剑），其中之3纯为巴式剑，之4则可能为蜀式剑。又图版四四，之5亦为巴式剑，共上且有手心纹、虎形纹，但周氏认为系"战国时所铸糙面天然花纹之吴越名剑"。

似文字的花纹。此类铜钺出土极多，在1949年后的发掘中，凡是巴人的墓葬中必有之。因其出土量多，又制作粗朴，故不为收藏家所重，亦少有流出外省而见诸著录者。

此乃"巴""蜀"兵器的大概情况。至于矛，巴与蜀均有之，形制上亦相似，仅其上的花纹略异。此大概因矛在形制上变异有限制，故其演变不显著，但大体上与中原的矛相似。蜀人似不甚用钺，故发现甚少。最近在彭县蒙阳镇出土铜器群中发现有两件铜钺，形制甚大，长约35厘米，宽约20厘米，中空，铜质颇薄。其他尚未有类似此种铜钺的发现。

以上系仅就巴蜀时期的主要兵器而言。但到了战国后期，以上所述的"蜀式"兵器，在川西一带（古蜀国的疆域）绝少出土，而"巴式"的兵器——剑与钺则出土甚多，揆其原因，大概秦灭巴蜀时，蜀人因文化较高，抵抗甚剧，其统治阶级大概在秦人的压迫下，多迁往云南。如《史记·三代世表》后有褚先生曰："蜀王，黄帝后世也，至今在汉西南五千里，常来朝降，输献于汉。"司马贞谓褚先生为腐儒，谓其"引蜀王、霍光，竟欲证何事？而言之不经，芜秽正史"。言蜀王固然与"三代世表"的关系不大，不过大概当褚少孙之时（元、成之间），蜀王的后裔尚存在，常来朝贡于汉，褚先生或常亲见之，故特为之记。其言"至今在汉西南五千里"，以其方位及远近推之，约当今云南大姚、姚安一带。张守节《史记正义》以为"（蚕丛）国破，子孙居姚、隽等处"，似为近之。又越南的古史传说中亦有蜀王子王安南之事（安阳王）。由是可知秦灭巴蜀后，蜀人的统治阶级的南迁者想必多。故自是之后，"蜀式"的兵器，即少在川西一带出土。

秦之伐蜀，表面上是助巴的，但秦人贪巴之利，灭蜀以后，即设计"虏其主以归"，而巴人并未加以强烈的抵抗。秦灭巴以后，对巴人始终采取笼络政策，巴人因之亦大概乐为秦用。以事实推之，秦人可能利用一部分巴人武装来镇压蜀人，这也许就是自战国末年至西汉初年在川西一带发现有许多墓葬中出纯"巴式"兵器、铜容器及陶器的原因，它们应均是巴人的墓葬。不过自西汉初年以后，所谓"巴式"的兵器也完全绝迹了，而为纯汉式的兵器所代替。或者秦灭巴蜀之后，迁来中原的大批移民，当时的巴族、蜀族与汉族的交往接触，在一百余年之中，互相融合，因之，地方性的色彩也完全消失了。

（原载《文物》1961 年 11 期）

岷江上游的石棺葬

石棺葬是四川省西北部阿坝藏族自治州茂县、汶川县、理县三县境内分布甚为密集的一种古墓葬。研究这种墓葬的族属、时代，并复原当时社会经济面貌，对于解决羌族古代史的若干问题以及古代西北地区与西南地区之间的民族迁徙和文化交流，有着一定的现实意义。

从目前掌握的材料来看，此类古墓葬的分布范围，西不出理县蒲溪沟（今薛城以西10余千米），南不过汶川县的绵虒（旧汶川县治），北达茂县附近，而主要地局限在岷江、杂谷脑河（又称沱江和理县河）及其少数支流的两岸（图七）。① 墓葬均埋在河谷两岸的黄黏土地上，高度从河谷以上200米到1000米不等。此类黄黏土，属于上更新世冰水成因黄土状亚黏土，质疏松而宜于农耕，故至今仍然为藏、羌两族人民村砦集中之地。墓葬原来是分布在山坡的自然倾斜面上的，后来，山坡被开发成一级一级的梯田，石棺便往往因人为的或自然的崩坍而显露，故在此地区内，

---

① 旧说以为此类墓葬分布在灌县以北，松潘以南及茂、汶境内，见李绍明：《关于羌族古代史的几个问题》，《历史研究》1963年第5期。此不过大约言之。本文系从我们调查的实际情况而言，但不排除将来的发现可能大大地扩大其分布范围。

梯田旁陡壁上暴露而已被破坏的石棺累累皆是。

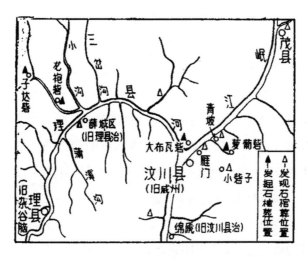

图七　岷江上游石棺葬分图

1938年8—10月间，冯汉骥在羌族地区做民族调查时，曾对石棺墓的分布做过一些初步调查，并在汶川县雁门乡萝葡砦①清理了一座残墓，编号SLM1②。1951年曾在成都《工商导报》的《学林》副刊上发表过一个简报③，但因对此类石棺墓的内涵了解不够，故其详细材料一直未曾发表。1964年3月，为了进一步研究这一问题，由四川大学历史系派遣，童恩正赴茂、理、汶地区进行了一次调查，并对一些崩坍严重的石棺墓做了部分发掘。计理县薛城区子达砦二十三座，龙袍砦一座，汶川县大布瓦砦两座，

---

① 羌族自称"瓦子"（Wa－zi），"萝葡砦"乃汉族的称谓，不过现在羌族亦自称之，为羌族中较富裕而较大的一个村砦。
② 此墓位于萝葡砦至小砦子之间的一条小径旁梯田边的陡壁上，清理时已崩去约三分之一，两根股骨的下半截凸出于外，崩坍下的石块已被取走。详见图一一。
③ 冯汉骥：《岷江上游的石棺葬文化》，成都《工商导报》1951年5月20日。此简报颇有征引者，但限于当时条件，其中时有错误，推论上亦有不妥之处，今悉以本文为准。

萝葡砦两座①（连同 1938 年发掘的一座共三座）。

子达砦和龙袍砦均在理县薛城区孟董沟内（孟董沟为杂谷脑河的支流，自北向南注入杂谷脑河，全长约 30 千米）。关于这一地区的石棺葬，1949 年后亦曾有过简略的报道。② 子达砦位于孟董沟西岸，距薛城约 13 千米，高出河谷 100 余米，墓葬区在砦南约 500 米处，为偏东南的斜坡，坡下即孟董沟。现在山坡已被开辟为三级梯田，故墓葬暴露甚多。每级梯田的阔度约为 50—60 米，高度相差约 5—7 米。墓区的范围很大，在其边缘第一级梯田内清理了八座，即 SZM1—7，内 M1 分 A、B 二墓；第二级梯田边缘清理了十二座，即 SZM101—112（图八）；此外在高出第一级梯田约 40 米处的山坡上清理了三座墓葬，即 SZM201—203。这三处墓葬中的随葬器物均无差别。

龙袍砦位于子达砦以南约 7 千米处孟董沟东岸，高出河谷约 1 千米左右。此地又可分为上砦与下砦两部，相距约 200 米，墓地即在上、下砦之间的梯田中。从断壁上观察到的墓葬区的范围当在 10 000 平方米左右。

汶川大布瓦砦在今汶川县城（旧威州镇）以北，隔江相望，高出河谷约 800 米，墓地在大布瓦砦以西约 1 千米，当地人称"玉皈依"，据勘查估计，墓葬区面积大约在 5 000 平方米左右。

萝葡砦位于今汶川县城以北约 10 千米之雁门乡，岷江东岸，高出河谷约 800 米。此地石棺数量最多，由萝葡砦到南面约 1 千米

---

① 我们仅选择那些崩坍情况严重或已经暴露者进行清理，故各地数目不等，有的仅一两座，往往不能代表各地区的实际情况。这次所清理的 28 座墓，竟无一座出铜器的，即是其例。所以，本文的材料是不够全面的，这是受工作条件限制所致，希望读者注意。

② 李绍明：《四川理县发现很多石棺葬》，《文物参考资料》1955 年第 7 期。

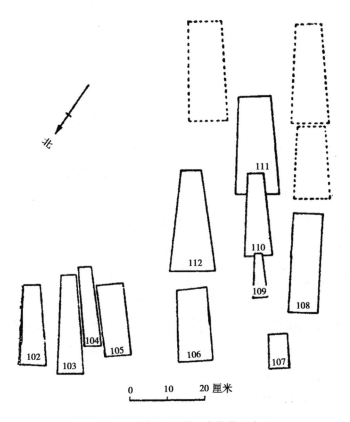

图八　子达岩第二级梯田内墓葬分布图

（实线系已清理的墓葬；虚线表示未清理的墓葬）

的小砦子，沿途均有显露者，估计其墓葬区当不小于1平方千米。

其他如薛城以西之蒲溪砦①，绵虒对岸的河坪，孟董沟上游的塔思坝、日钵则、老雅砦、沙家砦等地，均有大量的石棺墓，其墓区范围，尚待进一步勘察。

---

① D. C. Graham, "An Archaeological Find in the Chiang Region", *Journal of the West China Border Research Society*, Vol. XV, 1944, 曾有报道。近年其地亦时出土此类墓中的铜器。

墓葬形制

石棺墓的构造简单，可分两类。第一类是先在黄黏土中挖一长方形竖穴，深约2—3米，其长、宽均较所欲建的石棺多出20—50厘米。在坑的底部中央，按照所要建造的石棺的大小形状，留出一高出底面约20厘米的土台，再用本地盛产的板岩（slate）或片麻岩（gneiss）打制成长方形石板，高度在80厘米，厚度在2—5厘米左右，围绕坑底的土台镶嵌成头端大、足端小的石棺。在棺外填土以前，为防止石棺向外倾倒，往往用一些长宽约20厘米的石块在外面顶住。一般石棺侧面用两块或三块石板，视石板长短和石棺大小而定；两端各一块，棺上盖以石板，其数目亦视石棺大小而定，通常是四块到六块不等。① 由于顶板是一块压住一块往上盖的（方法与现在建房盖瓦相似），为使顶板与侧板上端紧密接合，还在侧板上打出一级一级的凹口，做成阶梯状，使其与顶板相衔接。再者，由于石棺的四边石板是竖立在底部土台的周围，故石棺的实际深度小于石板的高度。（图九）棺下无底板，尸体和随葬品均直接置于生黄黏土上。葬毕后即将原掘出的土填入，不加夯筑。由于原土土质疏松，故在发掘中往往难于看出明显的墓圹。又因石棺构造紧密，除顶板损坏者外，棺中由外渗入之积土甚少。

---

① 郑德坤在其《理番石棺葬文化》一文中，将石棺复原成由六块整石板构成的长方石箱，见《哈佛大学亚洲研究学报》（"The Slate Tomb Culture of Li‑Fan", *Harvard Journal of Asiatic Studies*, June, 1946, P. 64, fig. 1），我们在调查中所见到的石棺墓数以百计，但绝未发现此种类型者。

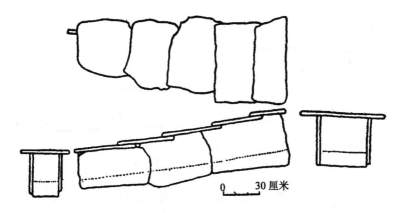

图九 SZM3 石棺结构

石棺一般长度在 2.1—2.2 米左右，头端宽 90 厘米、足端宽 60 厘米、高 70 厘米左右。孩童墓较小，一般视其年龄及身躯大小而定。

石棺墓中亦有带副棺者，如 SZM1A 和 SZM1B。从盖板表面看为一棺，但揭开后则为两座石棺，SZM1A 为主棺，紧靠其左壁又附带建造了 SZM1B，两棺中间共一石壁，每一棺中埋尸骨一具。此外，我们在龙袍砦调查时，据社员反映，这里的石棺也有在棺头部另隔开一室以放置陶器的，但在这次调查中尚未见到此种情形。①

墓葬分布密集而杂乱，且偶有互相叠压打破的情况。如 SZM109 之足端压住 SZM110 之顶端约 5 厘米，而 SZM110 又压住 SZM111 之顶端约 46 厘米，（图一〇）故我们推测当时地表恐无封树或其他标志。

第二类石棺的构造是四边用不同石料、大小厚薄也不等的石

---

① 唐山石棺墓中亦有作隔室者，但在棺尾，与此略异。参见安志敏：《唐山石棺墓及其相关的遗物》，《考古学报》第 7 册。

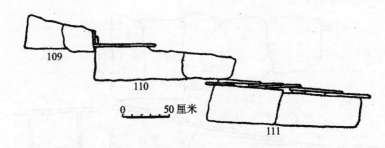

图一〇 SZM109—111 叠压情形

块砌成。石棺长方形,顶盖和两端用较大的石板。SDM2、SLM1 两墓属于此类。棺的深度与棺壁的高度相等。SLM1 棺底先铺两层细砾石,砾石上再铺一层白沙。SDM2 底部仍为生黄土,但不留出土台。SLM1 为全部石棺中之最长者,其下部已崩坍,残长 2.74 米,宽仅容身,只 0.54 米左右,深约 1 米,估计其原来长度当在 3.5 米左右。(图一一)其次是 SDM2,长 2.5 米,宽 0.95 米,深 0.7 米。

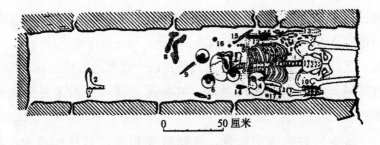

图一一 SLM1 平面图

1 铜连珠钮 2. 铜戈 3. 铜钺 4. 金银项饰 5. 琉璃珠、珉玉珠 6. 铜盔旄座 7. 铜带钩 8. 铜半两钱 9. 铁矛 10. 银臂韝 11. 铜剑 12. 铜柄铁剑 13. 铁刀 14. 铁斧 15. 铁刀 16. 铜扣 17. 铜泡饰 (此外尚有野猪牙三件、骨饰一件未绘)

砌棺壁的石块之间并无泥浆黏合,但拼凑紧密,轮廓平直。现在藏羌两族人民砌石墙仍然沿用此法,由此可以窥知砌石技术在本地确有着悠久的历史。①

据现在所知，此类石棺墓，仅限于汶川境内，且与第一类石棺墓并存。理县境内之石棺，则均属于第一类。此种情况，也可能是由于原料的限制所致，因汶川县境内不出板岩。

石棺墓的葬式，可分仰身直肢、二次葬和火葬三种，而以第一种为主。

仰身直肢葬可分二式：

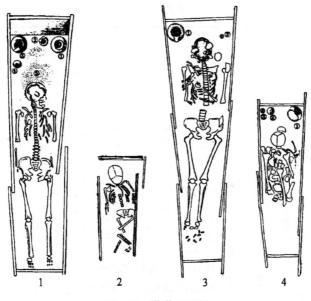

图一二　墓葬平面图

1. SLM3：①③高颈罐　②单耳杯　④篦形器　⑤粮食遗痕
2. SNM1　3. SZM108：①Ⅰ式双耳罐　②泥杯形器
4. SZM106：①Ⅰ式双耳罐　②陶纺轮　③泥杯形器

---

① 本地居民用石块起砌房屋、碉楼的高超技术，史籍早有记载，见《后汉书·南蛮西南夷传》"冉駹夷"条。今羌族人民建造高达十余丈的石碉楼，即《后汉书》所言的"邛笼"。

Ⅰ式　双手平直伸于体侧。属于此式者有汶川萝葡砦发掘的SLM1（图一一）、SLM2、SLM3（图一二，1）三墓，理县龙袍砦发掘的SNM1墓（图一二，2）基本上亦属此式。

Ⅱ式　骨架仰卧，双手自肘以下向上弯曲，交叉于胸前，故尺骨、桡骨总是压在肋骨上。理县子达砦之仰身直肢葬全属此式，即SZM2—3、SZM101、SZM104—105、SZM108（图一二，3）、SZM110—112等九墓（见《墓葬登记表》）。

墓葬登记表

地名	墓号	方向	葬式	随葬器物	备注
萝葡砦	SLM1	头向为北略偏西	仰身直肢Ⅰ	铜剑1，铜柄铁剑1，铜戈1，铜钺1，铁斧1，铁矛1，铁刀2，铁锯片1，铜连珠钮，铜盔庑座3，银臂鞲1，铜扣4，铜泡饰7，铜带钩1，金银项饰1，半两钱131，琉璃珠，珉玉珠，野猪牙3，骨饰（或工具）1，残铁块若干	残墓（下部已崩去）
同上	SLM2	北偏东15度	仰身直肢Ⅰ	Ⅱ式双耳罐1，盂形器1，碗1，高颈罐1	
同上	SLM3	北偏东25度	仰身直肢Ⅰ	高颈罐2，单耳杯1，簋形器1	
大布瓦砦	SDM1	北偏东30度	不明		残墓
同上	SDM2	北偏东30度	不明		残墓
龙袍砦	SNM1	北偏东15度	仰身直肢Ⅰ	有残陶片数块	残墓
子达砦	SZM1A	北偏西60度	二次葬	单耳罐1，泥杯形器1	

续表

地名	墓号	方向	葬式	随葬器物	备注
同上	SZM1B	北偏西60度	二次葬	Ⅰ式双耳罐1，泥杯形器2，纺轮1	
同上	SZM2	北偏西60度	仰身直肢Ⅱ	Ⅰ式双耳罐1	尸骨下有红色麻布痕迹
同上	SZM3	北偏西60度	仰身直肢Ⅱ	Ⅰ式双耳罐1	人架从头到脚均用黑白二色麻布缠裹
同上	SZM4	北偏西60度	不明	有残陶片数块	残墓
同上	SZM5	北偏西75度	不明	泥杯形器1	
同上	SZM6	北偏西70度	不明	有残双耳罐碎片	残墓
同上	SZM7	北偏西70度	二次葬	有残陶片数块	残墓
同上	SZM101	北偏西73度	仰身直肢Ⅱ	Ⅲ式双耳罐1，泥杯形器1	
同上	SZM102	北偏西73度	二次葬	Ⅰ式双耳罐1	有黑色麻布痕迹
同上	SZM103	北偏西73度	二次葬	Ⅰ式双耳罐1	有黑色麻布痕迹
同上	SZM104	北偏西73度	仰身直肢Ⅱ	小罐1	
同上	SZM105	北偏西73度	仰身直肢Ⅱ	单耳罐1，泥杯形器2	有黑色麻布痕迹
同上	SZM106	北偏西73度	二次葬	Ⅰ式双耳罐1，纺轮1，泥杯形器1	尸骨下有麻布碎片
同上	SZM107	北偏西73度	不明	Ⅰ式双耳罐1	尸骨裹以黑色麻布
同上	SZM108	北偏西65度	仰身直肢Ⅱ	Ⅰ式双耳罐1，泥杯形器1	尸骨下有麻布痕迹
同上	SZM109	北偏西73度	二次葬	Ⅰ式双耳罐1，泥杯形器2	

地名	墓号	方向	葬式	随葬器物	备注
同上	SZM110	北偏西73度	仰身直肢Ⅱ	有碎陶片数块	残墓
同上	SZM111	北偏西73度	仰身直肢Ⅱ	Ⅰ式双耳罐1，纺轮1，泥杯形器2	尸骨从头到脚裹以红色麻布
同上	SZM112	北偏西70度	仰身直肢Ⅱ	无随葬品	
同上	SZM201	北偏西60度	不明	Ⅲ式双耳罐1	残墓
同上	SZM202	北偏西60度	火葬	Ⅲ式双耳罐1	
同上	SZM203	北偏西68度	火葬	Ⅲ式双耳罐1	

二次葬：石棺内骨殖零乱，且多置于石棺之一端。有的上下身重叠，股骨与腓骨、胫骨压在胸前，股骨上端几与肱骨齐平。尸骨全部堆在棺内仅长70厘米的地段上，不到石棺长度的一半，如SZM106（图一二，4）。有的骨架已全部错乱，关节接合处全已分离，似将骨殖杂乱置于棺中者，如SZM1A和SZM1B。此种情况，似亦属二次葬。属于二次葬的还有SZM7、SZM102—103、SZM109等。

火葬：理县子达碚之SZM202—203两墓，棺内仅有零碎烧黑之残骨一堆，系经火烧后再行埋葬者。

此外，SDM1—2、SZM4—6，SZM107、SZM201七墓或因扰乱或因骨架腐朽过甚，故葬式不明。

石棺墓之方向，多视自然山势而定，即头朝山顶，脚向河谷，在同一葬区以内，颇为一致，差异大多在15度以内。如子达碚的23座墓，头向大多数是北偏西60度和73度；其他六座，头向大多在北偏东15—30度之间。

石棺多依山势略向下倾斜，其倾斜度从 5 度到 25 度不等。

29 座石棺墓中，除 SDM1—2、SZM112、SNM1 四墓外，余均有随葬品。随葬品的放置和组合，在理县及汶川两地略有不同。理县子达砦的石棺随葬品简单，多半是一件双耳罐（或单耳罐）置于石棺头端的左角或右角，纺轮或泥杯形器多置于双耳罐侧，然亦有置于脚端者。在 SZM2—3、SZM102—103、SZM105—108、SZM111 九墓中，尸体从头到脚均裹以麻布，有红色、黑色两种。汶川萝葡砦之 SZM2—3 各有四件陶器，均置于头顶。SLM2 有双耳罐、盂形器、碗、高颈罐各一件；SLM3 有高颈罐二件，单耳杯、簋形器各一件。SZM3 的一件高颈罐（SZM3∶1）中，似盛有某种肉汤，罐内壁中部尚留有一圈脂肪结成的干垢，罐底有一些碎骨。单耳杯内亦有碎骨，可能同样盛了某种食物。在 SLM3 墓棺底上端还洒了一层粮食，尸骨的头部及肩部即躺在这层粮食上面。（图一二，1）在发掘的墓中出金属器及装饰品者仅 SLM1 一墓，这些器物大都依其用途和生前佩戴的位置而放置。（图一一）

由于气候干燥，石棺内人骨均极为枯脆，稍加触动即成粉末，有的仅余粉末痕迹，故难以收集。唯一比较完整的是 SZM109 的幼儿颅骨，年龄为 7 岁左右。SLM1 的骨殖保存较好，但颅骨已碎，牙齿十余枚，磨损程度甚深，推测系一老年男性（50 岁以上）。

随葬器物

一、陶器

按陶质可分细泥灰陶、细泥黑陶、细泥红陶、夹砂红陶四种。细泥陶土质细腻，经过淘洗；夹砂陶则用一种白色石英粒作为羼和料。陶器大部分轮制，器底和器耳系另外制作后再接上的，接缝抹平；少数纯系殉葬用的小罐则用手制。陶器以素面最多，纹饰有宽带形旋纹、斜十字纹、悬垂三角纹、半月形压印纹等数种。细泥灰陶和细泥黑陶火候甚高，表面打磨光滑；细泥红陶火候很低，出土时多破碎或表层剥落。

器形单纯，仅有双耳罐、单耳罐、高颈罐、簋形器、单耳杯、碗、盂形器、纺轮、泥杯形器等。

1. 双耳罐　双耳罐是石棺墓中最普遍和富有特征的陶器，共15件，可分三式。

Ⅰ式：十件。口缘呈椭圆形，唇外侈，鼓腹，平底，双耳从口沿弧转下接器腹。高10—15厘米。有细泥灰陶和细泥红陶两种，素面居多。标本SZM107∶1（图一三，1）较小，高10.5厘米，口径6.7厘米，腹径9.8厘米，耳宽2.5厘米。SZM3∶1（图一三，2）腹部有一圈半月形压印纹。SZM102∶1通体磨光，但在腹部留有一圈宽约1.2厘米的粗糙陶面，再在其上仔细地磨出一排斜十字纹，而保留原来的粗糙陶面作为衬底，构成一新颖的纹饰（图一三，3）。

Ⅱ式：一件（SLM2∶1）（图一三，4）。体高，矮圈足，耳与Ⅰ式同。腹部有由糙面磨成的三角纹一圈，宽约2.4厘米。据现在所知，Ⅱ式罐仅出于萝葡砦，其形制酷似高颈罐而加上双耳者。高颈罐也仅出于萝葡砦，而往往与Ⅱ式双耳罐同出。Ⅰ式或Ⅱ式系先后承袭的关系，抑系地域上的区别，现在尚不明了。

Ⅲ式：四件。侈口，口缘近耳处往外凸出，与耳部垂直之两端锐收，俯视呈一尖核桃形。细颈，鼓腹，除SZM101∶1为平底外，余三件底部均向内微凹。双耳甚宽，由口沿弧转下接器腹，再由接合处顺势向内划出相对的两圈宽带形旋纹装饰，造型匀称

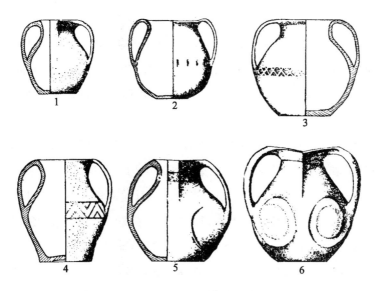

图一三　陶双耳罐

1. Ⅰ式（SZM107:1）　　2. Ⅰ式（SZM3:1）　　3. Ⅰ式（SZM102:1）
4. Ⅱ式（SLM2:1）　　5. Ⅲ式（SZM101:1）　　6. Ⅲ式（SZM201:1）

美观。每边器耳上有一至三个圆形凹窝作为装饰，或在耳上作两条垂直宽带纹。颈部有作一圈网状划纹的，如SZM101:1（图一三，5）；还有在颈部作一圈极细的垂直划纹的，如SZM201:1（图一三，6）。此式陶罐均为细泥黑陶，表面打磨光亮，轮制，火候甚高。此式双耳罐大小差别较大，标本SZM101:1较小，高15.4厘米。在大布瓦砦收集的一件，高达33厘米。其中可能还有铜制的，如A. J. 库普的《中国早期铜器》一书图版四六所收的一件①，形制与此完全相同，想为此地所出。

按此式双耳罐，从未见于其他地区，与上二式的器形做比较，Ⅲ式可能是从Ⅰ式发展而来的一种特殊形式。

---

① 参见Albert J. Koop, *Early Chinese Bronzes*, London, 1924, Pl.46, 高27.9厘米。

2. 单耳罐 两件。唇外侈，短颈，鼓腹，平底。单耳较宽，由口沿下接器腹，均为细泥红陶，素面。SZM105：1（图一四，1）轮制，口径10厘米，腹径12.7厘米，高10.5厘米，耳宽4厘米。SZM1A：1（图一四，2）手制，口径7.4厘米，腹径9厘米，高9.5厘米，耳宽3.5厘米。

除上述的双耳罐和单耳罐以外，据过去的报道①，尚有三耳罐和四耳罐，不过我们在调查收集和清理中均未见到。

3. 高颈罐 三件。轮制，素面，形近似而稍有不同。SLM3：1（图一四，3）细泥灰陶，侈口，卷唇，鼓腹，平底。口径12厘米，腹径19厘米，高22.5厘米。SLM3：3（图一四，4）细泥红陶，较修长，直唇，口径10.5厘米，腹径14.5厘米，高19厘米。SLM2：4细泥灰陶，底部微内凹，口径8.5厘米，腹径12厘米，高16厘米。

4. 簋形器 一件（SLM3：4）（图一四，5）。敛口，唇微侈，斜肩，鼓腹斜收下接圈足。细泥红陶，轮制，素面。口径7厘米，腹径10厘米，通高8.5厘米，圈足高1.8厘米，圈足径7厘米。

5. 单耳杯 一件（SLM3：2）（图一四，6）。敞口，唇外侈，口缘下微内收成斜肩，鼓腹，平底。单耳从器口接于器腹。泥质灰陶，轮制，素面。口径9厘米，高6.2厘米。

6. 陶碗 一件（SLM2：3）（图一四，9）。敞口，唇微敛，浅腹，腹壁斜收，至近底处垂直。夹砂红陶，手制，素面。口径11.6厘米，高4.8厘米。

7. 盂形器 一件（SLM2：2）（图一四，7）。敛口，唇微侈，斜肩，腹壁斜收接于平底。夹砂红陶，手制，素面。口径7.7厘

---

① 参见李绍明：《四川理县发现许多石棺葬》，《文物参考资料》1955年第7期。

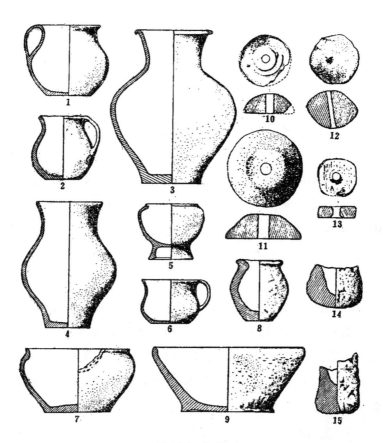

图一四 陶器

1. 单耳罐（SZM105:1） 2. 单耳罐（SZM1A:1） 3. 高颈罐（SLM3:1）
4. 高颈罐（SLM3:3） 5. 簋形器（SLM3:4） 6. 单耳杯（SLM3:2）
7. 盂形器（SLM2:2） 8. 小罐（SZM104:1） 9. 碗（SLM2:3）
10. 纺轮（SZM111:4） 11. 纺轮（SZM106:2） 12. 纺轮（SZM1B:2）
13. 石纺轮（龙袍砦残墓采集） 14. 泥杯形器（SZM1A:2）
15. 泥形杯器（SZM111:3） （1—6. 1/4；7—15. 1/2）

米，高5.3厘米。

8. 小罐 一件（SZM104:1）（图一四，8）。唇微侈，短颈，鼓腹，平底。细泥红陶，手制，素面。此器火候甚低，似为明器。

口径3.3厘米,腹径4.4厘米,高4厘米。

9. 纺轮 三件,形状不一。SZM106:2(图一四,11)横断面略呈扁平之截顶圆锥形。细泥红陶。底径5.6厘米,厚2厘米,孔径0.8厘米。SZM111:4(图一四,10)作半球形,上有凸弦纹两道。泥质红陶。底径3.7厘米,厚1.1厘米,孔径0.5厘米。孔中残留有白色朽木灰。SZM1B:2(图一四,12)两面凸出,横截面略呈菱形。细泥红陶。制造粗拙,火候甚低。径4厘米,厚3厘米,孔径0.4厘米。

此外在龙袍砦残墓中采集了一件石制纺轮(图一四,13)。板岩磨制,圆盘形。中孔系从两面钻透。直径3厘米,孔径0.5厘米,厚0.8厘米。

10. 泥杯形器 共13件,均出在子达砦。略呈圆柱形,顶部有一凹洞,略如小杯。(图一四,14、15)直径3—6厘米,高1.5—3厘米不等。杯形器系用黄土捏成,制作极为粗糙,有的未经焙烧,有的仅低温烧过,在子达砦的墓葬中为一常见的随葬品,多者两枚,少者一枚,甚至有单以此物殉葬者。作用不明。

二、金属器

除特别注明者外,均出于SLM1墓中。出土情况详见图一一。

1. 武器和工具

(1) 铜剑 一件(图一五,3),置于右肩侧。剑首圆形,茎上有两道凸起的圆箍,中脊隆起,腊平斜而无明显的边刃。长40.5厘米。

(2) 铜柄铁剑 一件(图一一,12),置于骨架左侧。铁刃腐蚀严重,残长40厘米左右。铜剑柄长10.2厘米,剑首作半圆形,柄上铸螺旋形凸纹,便于把握。剑格甚长,铸有条纹和方格。此外在龙袍砦残墓中亦曾采集一铜剑柄(图一五,2),柄上铸有突

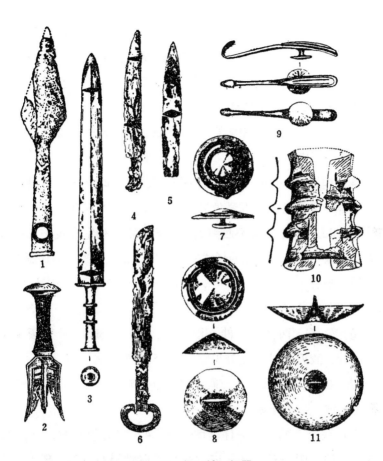

图一五 铜、铁、银器

1. 铁矛（龙袍砦残墓采集）　2. 铜剑柄（龙袍砦残墓采集）
3. 铜剑（SLM1:11）　4. 铁刀（SLM1:15）　5. 铁矛（SLM1:19）
6. 铁刀（SLM1:13）　7. 铜扣（SLM1:16）　8. 铜泡饰（SLM1:17）
9. 铜带钩（SLM1:7）　10. 银臂韝（SLM1:10）
11. 铜盔庑座（SLM1:6）（1—5. 1/4；6—9. 1/2；10、11. 1/3）

起之小圆点。剑柄中空，系用两范对合铸成，并有内范。长8.5厘米。近30年来，四川省博物馆、四川大学历史博物馆、四川省民族事务委员会收集甚多，但均仅存铜柄。铜柄铁剑是石棺葬中的特征器物，其铜柄部分为本地所铸造，这是可以肯定的。长城地带虽然也出土不少铜柄铁剑，但柄的形制与此完全不同。至于铁刃，估计铁材可能是由汉族地区输入，而且可能是在接受了汉族的冶铁技术之后，在本地铸造的。

（3）铜戈　一件。出土在棺底上部靠右。长胡三穿，援略向上昂，长方形内，内上一穿。长 21.6 厘米。

（4）铜钺　一件，置于头骨右上部，出土时立置。刃呈半月形，略斜收接于銎部，近銎处有四道弦纹，弦纹下有一排悬垂三角纹。长 12.3 厘米。成都西南民族大学文物陈列室在茂、汶地区采集有陶范一件，与此钺的样式完全一致，故此钺当系本地制造。

（5）铁斧　一件（图一一，14），出于颅骨右侧，锈蚀严重，但其銎部上端尚完整。

（6）铁矛　两件。一件（图一五，5）出 SLM1 骨架颅顶上部，短骹，骹刃无显著之分界，长 18.5 厘米。另一件（图一五，1）自龙袍砦残墓中采集，长骹宽刃，刃部略呈菱形，骹长占全长二分之一强。长 30 厘米。

（7）铁刀　两件。一件（图一五，4）出骨架左侧，全长 18 厘米。一件（图一五，6）（或称削）出白骨架左肩侧，环首。全长 14 厘米。

（8）铁锯片　残长 7.5 厘米。

以上各种铁器，均与四川西汉初期墓葬中所出者形式相同。又在骨架的两侧发现锈蚀过甚的残铁块多块，不辨其形状，可能是工具或兵器之类。

（9）铜连珠钮（图一六）　出骨架左侧。有三连钮和四连钮两种形式。出土时的排列情况是：钮的正中是一铜泡，四连钮从中心朝四周辐射，三连钮环列于四连钮的边缘。从排列情况推测，可能是盾的饰物。此外，在龙袍砦残墓中亦曾采集一枚三连钮。

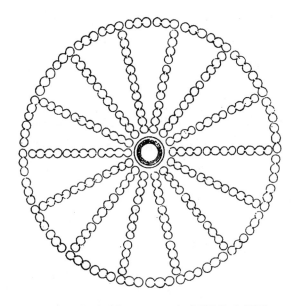

图一六　铜连珠钮（SLM1∶1）"盾饰"复原图

连珠钮是盾饰的推测如果可以成立，则盾大约为革制，故已全朽无痕。此种连珠钮亦可增强盾的受击力，是以装饰而兼实用者。按唐樊绰《蛮书·南蛮条教》云："罗苴子皆于乡兵中试人，故称四军苴子，戴光兜鍪，负犀皮铜股排，跣足，历险如飞。"《新唐书·南诏传》作"戴朱鞮鍪，负犀革铜盾而跣，走险如飞"。清四库全书本已指出"光兜鍪"之"光"当为"朱"字之误，①而"犀革铜盾"我们认为当即"犀皮铜股排"，因既是"犀皮"，又何以称为"铜盾"？自当以"犀皮铜股盾（排）"为正。此种"铜股"也可能与此铜连珠钮饰的盾相似。"罗苴子"当为现在的彝族，约百年前彝族的皮盾，其上的纹饰尚有作此种母题者（即

---

① 参阅向达：《蛮书校注》卷九，中华书局，1962年。

（10）铜盔苁座（图一五，11） 三件，一在颅顶部，二在两侧。圆形，座中央有圆柱凸起，上套一小铜环，可能是系鍪用者。座背底部有一圆凹，中横一栓，其用途当为便于将其系于兜鍪或帽上。直径9.7厘米。

（11）银臂韝（图一五，10）① 戴于骨架右腕上，长10.5厘米。银片厚仅1毫米且压行凹槽饰，其内可能原制有皮革，但完全朽腐无痕。

2. 服用器

（1）铜扣（图一五，7） 大小四件，出土时散置于骨架上部两侧，直径4.3厘米。可能是衣甲上者。

（2）铜泡饰（图一五，8） 大小七枚，也可能是衣、带上的装饰。

（3）铜带钩（图一五，9） 一件。出土于骨架腰部。全长8厘米。

（4）铜牌饰 于龙袍砦残墓中采集，形如一展翅之枭。近身处有二穿，背面一穿，似附属于某种衣物上之饰物。长4.7厘米，宽5厘米。

（5）金银项饰 出SLM1骨架项下右肩上。上面一层为金质薄片，下面一层为银质，中间夹以皮革，形如新月，在其两端各有两小孔，可能是便于系带戴于颈脖上者。

---

① 按此类具近来在考古工作中颇有发现，而报道时所给之名称不甚一致，今宜正名为"韝"或"臂韝"。《史记·滑稽列传》："髡卷韝鞠䣛。"徐广曰："韝，臂捍也。"又《汉书·东方朔传》："董君绿帻傅韝。"韦昭曰："韝形如射褠，以缚左右手，于事便也。"师古曰："韝即今之臂韝也。"按射韝当着于左手，今此在右臂，是兼装饰及护臂作用。

3. 铜钱（图一七） 共发现半两铜钱 131 枚，出 SlM1 颅骨上部。为了慎重起见，我们请了几位精于鉴定古钱的同志共同研究。大家认为，这批半两钱包括吕后八铢半两和文帝四铢半两两种，其中四铢半两 45 枚，余均为八铢半两。我们挑选其中有代表性的各四枚，分别测定其直径，重量如下表。

类别	八铢半两					四铢半两				
标本号	1	2	3	4	平均值	5	6	7	8	平均值
直径（毫米）	27	24	27	27	26.26	22	21.5	23	23	22.38
重量（克）	3.85	3.20	3.25	2.75	3.26	1.60	1.85	2.10	1.55	1.78

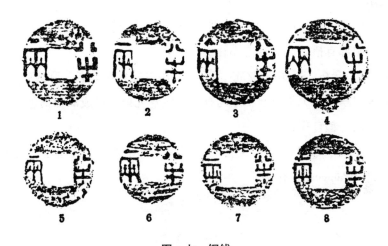

图一七 铜钱

1—4. 八铢半两　5—8. 四铢半两

此外，在龙袍砦残墓中亦采集到半两铜钱一枚，径 2.7 厘米，接近八铢半两。

三、其他质料的服饰品

1. 琉璃珠 有管状珠、穿孔圆盘状珠和圆形珠三种。前两种发现于 SLM1 骨架项下附近，大概是一种串联的项饰。管状珠 22 枚，单枚长 2.2 厘米。穿孔圆盘状珠三枚，珠径约 0.7 厘米。圆形珠三枚，采于龙袍砦残墓中，径长约 0.7 厘米。此类珠饰均为蓝色，便是所称为"埃及蓝"者。

2. 珉玉珠　发现于 SLM1 中，与琉璃珠共出。形状如管状珠，长 1.3 厘米。

3. 石环　两件。出土于龙袍砦一残墓头骨两侧，可能为饰物。系从板岩薄片上旋下，旋痕清晰可辨。一件外径 7.6 厘米，内径 5.5 厘米，另一件残缺，外径 6.2 厘米，内径 4.4 厘米。

4. 野猪牙　三件。出于 SLM1 墓，曾经磨制。可能作装饰之用。

5. 骨饰（或工具）　一件。出于 SLM1 墓，近三分之一已破碎，中部有槽，并穿有二小孔。

7. 麻布　采集于 SZM3 墓中，系用以缠裹尸体者。麻线颇粗，但很匀净，在 1 平方厘米中约有经纬线各九根。已成深棕褐色。

四、粮食作物

发现于 SLM3 墓中，经四川农学院杨允奎教授初步鉴定，为粟稷属（Paniceae）作物。

结　论

关于石棺墓所经历的年代，现在一时尚难确定。由每一地区的墓地范围之广大来看，它们不是一个短时期内所葬下的，必定经历了一段相当长的时间。这批墓葬的年代，可先从 SLM1 入手。这墓出土了中原或四川地区的金属器物，从推断年代来说，当以半两钱为最重要。SLM1 共出半两钱 131 枚，包括吕后时铸行的八铢半两和文帝时铸行的四铢半两两种。不见秦半两，亦无五铢钱。① 所以这一墓葬的相对年代不能早过文帝行四铢半两（公元前175年）和晚过武帝发行五铢（公元前118年）。其他器物的时代，亦略与之相当，如铜剑、铜戈、铁斧、铁矛、铁刀、带钩等，其形制皆为中原和川中自战国末至西汉初所常见的形式。又此墓中铜兵器与铁兵器、铜工具与铁工具并存，亦与川中西汉初期的墓葬情况相似。所以推测这座墓的入葬年代约在公元前175—公元前118年之间，大致上是可靠的。

至于其他墓葬的年代，与SLMI可能相去不远。如在龙袍砦一残墓中出土半两一枚，与八铢半两接近。再者，据我们调查和发掘所及，从未见出五铢钱，凡出半两钱的，又都是汉半两。所以整个此类墓葬，当不晚于武帝初年，有的或稍早。四川巴县冬笋坝35号船棺墓中出有双耳罐一件，陶质、色泽、形状与这批石棺墓中的Ⅱ式双耳罐完全相同。② 而在冬笋坝墓葬所出的全部陶器中则仅此一例，故就冬笋坝来说，当系一输入品。冬笋坝35号墓属于该地的中期墓，即相当于战国末期至西汉初期的墓。假使它与石棺葬有一些联系的话，它们之间的时代，也应该大体相当。又，最近在成都南门外发掘一座战国时期的"巴蜀"墓，墓中出土的一件金项饰③，与SLM1出土的金银项饰完全相同，而在"巴蜀式"墓中则属仅见。由此推想，当时西部山区与平原间应有一定的交往。

---

① 在以前的一些报道中，多有言石棺墓中出五铢钱者，但在我们的几次调查和试掘中，均未见过五铢。此种情况，是否是将石棺墓与当地的汉代石室墓相混所致，尚不得而知，这一问题，还待将来的详细调查和发掘来证明。但即使其中有较晚的墓出五铢，亦不影响本文推论的大体上的年代。
② 四川省博物馆编：《四川船棺葬发掘报告》，文物出版社，1960年第72页，图七一。
③ 此墓出于成都南关外约2千米的圆通桥附近包家坟坝，系一土坑竖穴墓，其中出土四川"巴蜀时期"的铜兵器和工具多件，报告正在整理中。金项饰亦为金薄片两片，其大小、形状与SLM1中所出者，极为相似。

总之，石棺墓的时代下限是相当明确的，即不晚于西汉武帝初年；其上限现在则尚无法知道。几处墓葬中所出的陶器虽大体上相同，但亦有相当的差别，如泥杯形器是子达砦常见之物，但在他处却不见；高颈罐（包括发掘的和收集的）仅见于萝葡砦。葬式上亦如此，Ⅰ式仰身直肢葬仅见于萝葡砦，二次葬及火葬仅见于子达砦。此种差异，是否属于时代上、地域上的不同或系我们见识上的不足，现在尚难推知。从各地墓地之广大，墓与墓之间又有打破、压叠等现象来看，时间上当有先后。又从墓中全不出石器而言，推测这批墓葬的上限时间可能不会太早，大体上说，恐怕不早于战国末期和秦汉之际。

关于石棺墓的族属问题，因为掌握的资料过少，尚不能做出适当的推断。不过有一点似乎是可以断言的，即它们与现在居于当地的羌族的祖先似乎无关。因自战国后期以来，都记载羌族举行火葬而不行穴葬。如《太平御览·四夷部》引《庄子》云："羌人死，燔而扬其灰。"《吕氏春秋·义赏篇》亦云："氐羌之民其虏也，不忧其系累，而忧其死而不焚也。"《吕氏春秋》这段话虽带有讥讽意味，但由此可知当时羌族人民对"焚尸"的看重。《后汉书》亦说冉駹夷"死则烧其尸"。火葬之俗在此地的羌族中一直保存至清代末年，民国初年以后才逐渐采用汉人的穴葬，但上层头人仍举行火葬。这批石棺墓，绝大部分是土葬，仅子达砦的SZM202—203两墓有火燔的痕迹，但仍照样建一石棺而将焚余的残骨拾而葬之，这可能是受当地羌族的影响。羌族的"焚尸"则不同，各砦中每族都有一焚尸的场所，羌族称之为"火坟"，人死后各于其处焚之，典礼十分隆重，以后并不拾其余骨而另葬之，故羌族以往无坟地。

现在理、汶一带的羌族也不认为石棺墓的建造者是他们的祖先。他们对这种石棺墓有种种称法，如"猺洞子""猺人洞""矮子坟""嘎尔布""戈基戛钵"等等。① 关于这种人的传说颇多，一种传说是，这里原是"戈基人"的住地，羌人迁入后，驱逐了"戈基人"并占有其地。另一种传说是，羌人自远古即居住于此，"戈基人"迁入后，征服了羌人，对羌人的生产、习俗影响很大，后来又与羌人一道击败了其他部族。但不多久，"戈基人"又迁徙到其他地方去了，而石棺即为"戈基人"所遗留下来的坟墓。后一传说，似乎与发掘的情况和史籍记载较为吻合。② 石棺墓的建造者（戈基人？）在此地的居留时间不会太长，而所占据的地域亦不甚广阔，似乎是一种突入的民族，其来踪去迹，现在尚不太明了。当他们初来时曾与羌族发生过战斗是可以想象的。1949年前，羌族在过年（过去羌族以农历十月一日为岁首）祭祀时，其端公（巫师）在晚间的法事中有一折，演唱与戈基人战斗的情形，所以戈基人给羌族人留下很深的印象，故在两千余年后犹能忆其仿佛。

西汉初期，此一地带的民族是相当复杂的，据《后汉书·南蛮西南夷传》中的"冉駹夷"条：

> 冉駹夷者，武帝所开。元鼎六年，以为汶山郡。……其山有六夷七羌九氐，各有部落。其王侯颇知文书，而法严重。贵妇人，党母族，死则烧其尸。土气多寒，在盛夏冰犹不释，故夷人冬则避寒，入蜀为佣，夏则违暑，反其

---

① 按"嘎尔布""戛钵"等语义不明，不知是否源于藏语"甲尔波"（jelbo）、"果尔"，则为"王"或"酋长"。

② 《后汉书·西羌传》说："至爰剑曾孙忍时，秦献公初立，欲复穆公之迹，兵临渭首，……忍季父印畏秦之威，将其种人附落而南，出赐支河曲西数千里，与众羌绝远，不复交通。其后子孙分别，各自为种，任随所之。或为牦牛种，越巂羌是也；或为白马种，广汉羌是也；或为参狼种，武都是也。"这段记载如近于事实的话，那么，在公元前4世纪时，羌族已经达到四川以西各地区了。

（聚）邑。皆依山居止，累石为室，高者至十余丈，为邛笼。

由上面的记载，可以看出冉駹与现代的羌族有着直接的关系，如"焚尸""入蜀为佣"等习俗，直至1949年前尚部分保留着，至今羌族地区，仍可见到各砦的巨大碉楼（邛笼）自半山高插云表。至于"六夷、七羌、九氐"等部落，当然已无从考见了。石棺墓的建造者有可能包括在此之中，但也有可能当汉武帝设立汶山郡时，他们已经离开此一区域了。

以石棺墓的建造及其中所出的器物而论，它与北方草原地带可能有点关系。石棺墓的建造，东自辽、吉平原，西至新疆，其间都有间断的发现。以石板建筑的形式而言，以辽宁赤峰①、河北唐山等地的石棺与此地者最为相似。虽在这一辽阔的地区内石棺墓的时代各有不同——上自西周而下至战国②——其间恐怕不会没有一些关系，这是一个值得探讨的问题。

石棺墓中最为普遍和最有特点的陶器双耳罐，似与甘肃、青海、陕西地区的同类陶罐有一定的历史渊源。如陕西客省庄第二期文化中的双耳罐③、青海都兰县诺木洪搭里他里哈遗址所出的Ⅰ式双耳罐④与此地的Ⅰ式双耳罐均十分近似，而三地所出的单耳罐

---

① 1979年前，赤峰市归辽宁省管辖；1979年至今，赤峰市属内蒙古自治区。本文发表于1973年，故保留旧说。——编者注
② 关于东北、内蒙古石棺墓的时代，根据安志敏同志的推测，唐山小石棺早于西周，赤峰红山后第二期文化石棺早于战国，吉林延吉小营子、吉林西团山均为战国，总之，这都是汉代以前的遗存。见安志敏：《唐山石棺墓及其相关的遗物》，《考古学报》第7册。
③ 中国科学院考古研究所编著：《沣西发掘报告》，文物出版社，1962年，图三九，4；图版三一，6、8、10等。
④ 青海省文物管理委员会、中国科学院考古研究所青海队：《青海都兰县诺木洪搭里他里哈遗址调查与试掘》，《考古学报》1963年第1期，图一五，10；图版五，5、8。

亦大致相同①。特别是Ⅲ式双耳罐口沿俯视呈尖桃核形，平视呈马鞍形，而椭圆形之马鞍口式双耳罐则为寺洼文化的典型陶器之一。夏鼐同志推测其与此地的双耳罐不无一定的关系，是十分可能的。② 又此地的高颈罐，与寺洼山和客省庄第二期文化中所出的同类陶罐也十分相似。③

以金属兵器而论，铜柄铁剑是此中最典型的兵器，而铜柄铁剑似乎是汉代北边若干少数民族常用的一种武器。1956年在辽宁省西丰县西岔沟曾发现一批，报告的作者认为属于"匈奴文化"。铜柄的样式虽有些不同，但其制造技术大体上则是相同的。④ 又西岔沟所出的"小铜斧"，亦与SLM1所出的铜钺近似。⑤ 相类似的铜斧，也出于沈阳附近的郑家洼子和抚顺附近的大伙房。⑥ 此虽时代较早，其间亦当有渊源关系。连珠钮是长城地带很通行的服饰，⑦ 而在龙袍砦残葬中采集的一铜牌饰，与内蒙古出土的所谓

---

① 见中国科学院考古研究所编著：《沣西发掘报告》，图版三一，1—5；青海省文物管理委员会、中国科学院考古研究所青海队：《青海都兰县诺木洪塔里他里哈遗址调查与试掘》，图一五，5；图版五，3。

② 夏鼐：《临洮寺洼山发掘记》，《考古学论文集》，科学出版社，1961年，第43页。陕、甘、青地区，自新石器时代晚期以后即盛行一种大耳陶罐，所称为"安弗拉"式者，其样式及变化虽多，其间大概都有一定的联系。

③ 见中国科学院考古研究所编著：《沣西发掘报告》，图版三一，4等。并参见甘肃省博物馆：《甘肃古文化遗存》，《考古学报》1960年第2期。

④ 孙守道：《"匈奴西岔沟文化"古墓群的发现》，《文物》1960年8、9期，图2—3。

⑤ 孙守道：《"匈奴西岔沟文化"古墓群的发现》，图八上：小铜斧。其中的小"铜圆泡"亦相同，见所附图版，10。

⑥ 沈阳市文物工作组：《沈阳地区出土的青铜短剑资料》，《考古》1964年第1期，图一，13；孙守道、徐秉琨：《辽宁寺儿堡等地青铜短剑与大伙房石棺墓》，《考古》1964年第6期，图七，1。

⑦ 吉林省博物馆：《吉林江北土城子古文化遗址及石棺墓》，《考古学报》1957年第1期，图版四，7。又如内蒙古文物工作队编：《内蒙古文物资料选辑》，内蒙古人民出版社，1962年，图版三〇，138的铜饰，亦为类似的东西。其他如江上波夫、水野清一：《内蒙古长城地带》，1935年，图六九的连珠钮并同。

"鄂尔多斯式"铜牌①为同一风格。其他如铜泡饰、琉璃和石制珠饰等亦多见于长城以及东北地区。②

显而易见，石棺墓的建造者所表现的文化，其中虽杂有很大一部分汉族的东西，其带有的北方草原地区文化的色彩，也是极为明显的。所以，他们可能原系青海、甘肃东南部的一种部族，大约在战国或秦汉之际，因种种原因而南下留居于此。在这里又受到川西一带的汉族的影响，如其中所出的半两钱，有很大可能是当时四川所铸。③他们受羌族文化的影响似尚不显著，只有少数"火焚"的痕迹可能与羌族文化有关。

从另一方面讲，这一文化在西南方面影响也是很大的。巴县船棺墓中的双耳罐，成都平原战国墓中的金项饰，前已提及；其他如云南晋宁石寨山、安宁太极山古墓群中所出的40多件铜柄铁剑，其中除一部分装上滇族特制的金鞘以外，其铜柄及铁剑的样式与石棺墓中所出的完全一样。④晋宁的铜柄铁剑，仅出于第Ⅱ型的墓葬中，可能是由北方传入的，其时代较这批石棺墓为晚。晋宁M13出土的一件贮贝器上铸有立体人物一周，其中有一组四人，首二人皆挽长形髻直贴于脑后，留须，着短窄称身之衣，窄袖长过手，窄长裤至足背，佩长剑。此外，M13又出鎏金扣饰一件，上铸二人（青年）执盘而舞，服装佩剑与上二人同，当系同一民

---

① 参看内蒙古文物工作队编：《内蒙古文物资料选辑》图版二二、二四等。
② 例如吉林北江石棺墓中之白石管，见吉林省博物馆：《吉林江北土城子古文化遗址及石棺墓》，图版四，6。
③ 按西汉初各地列侯及豪强得自铸钱，《史记·佞幸列传》记蜀"'邓氏钱'布天下"，想当时四川所铸之钱必多，其中亦可能有流入此间者。
④ 云南省博物馆编：《云南晋宁石寨山古墓群发掘报告》，文物出版社，1959年，第108页，图版一〇〇，共出土48件。又云南省文物工作队：《云南安宁太极山古墓葬清理报告》，《考古》1965年第9期，图版四，8。

族。① 按留须和窄长的衣裤，均非西南少数民族的习俗，而西北气候较寒地区的游牧民族中，多有着此种装束者。其所佩的长剑似为铜柄铁剑，因青铜剑鲜有如此窄长者（又晋宁出土之青铜剑均为短剑）。铜柄铁剑传入云南也可能与此种人有关。他们与石棺墓的建造者有没有关联，现在还不能断言，但不是没有可能的。例如晋宁出土的金和铜"臂甲"② 与 SLM1 出土的银臂鞲是同类的东西，直到1949年前，当地彝族人民仍沿用皮制的臂鞲。晋宁出土的许多小金饰片，均带有强烈的所谓"鄂尔多斯"风格，③ 想不为无因了。川康之间的横断山脉，历来为南北民族过往的通道，秦汉之间有若干部族自北南下，亦是可能的事。综上所述，均足以成为我们探求其间文化联系的线索。

石棺墓的建造者大概是畜牧兼农耕的民族。《后汉书·南蛮西南夷传》中的"冉駹夷"条言其地"土地刚卤，不生谷粟麻菽，唯以麦为资，而宜畜牧"。大概是纪实的。此地高寒，全靠农业是不能维持生活的，当时可能系以畜牧为主而辅以农业，故出土陶罐中往往有肉骨的残存，而萝葡砦 SLM3 墓底上尚撒有一层粮食。服装的样式无从得知，其质料大概与从前的羌族一样，系一种粗麻布。不过羌族尚白，其衣着皆白色。④ 石棺葬葬的人们可能用其他颜色，SZM3 刚开棺时尸衣尚可见红、白、黑诸色；SZM2、SZM102、SZM103、SZM105、SZM106、SZM107、SZM108、SZM111 等墓中均发现红黑二色的麻布痕迹。

---

① 云南省博物馆编：《云南晋宁石寨山古墓群发掘报告》，图版四七；图版六八，1。
② 云南省博物馆编：《云南晋宁石寨山古墓群发掘报告》，图版一〇三，3—4。
③ 云南省博物馆编：《云南晋宁石寨山古墓群发掘报告》，图版一〇五中的各种"兽形金片饰"，若置之长城带同类的饰片中，几乎不能区别。
④ 参见《明史》卷三一一。1949年前羌族男女皆衣白麻布，头缠白帕。

从各墓殉葬品的丰俭看，贫富（或者等级）分化已显著，其中多者金、银、铜、铁、陶器皆备（可能是部族酋长之类），少者仅有粗制的小泥杯形器一件。但皆得到同样的石棺建筑，并皆同葬于共同的墓地，可能他们尚处在一种父系家长制阶段。

石棺墓的发现至今虽有数十年的历史，也是此地区内最重要的遗迹，但对它的研究尚处在开始阶段，因所掌握的材料有限，并且还有几处集中地区情况不明，如绵虒对岸的墓葬区、上孟乡的墓葬区等，均未经过科学的观察，以上所提出的一些问题，不过是初步的探索，是否正确，尚待将来的发掘来证明。

附记：本文系将前后两次调查和清理的材料综合叙述。此项搁置已久的工作得以初步完成，主要是得到四川大学科研处，四川大学历史系以及理县、汶川县领导同志的大力支持，并承四川大学资料室协助绘图，四川省博物馆协助拍照，均特致谢忱。

（原载《考古学报》1973年第2期）

四川的画像砖墓及画像砖

画像砖是四川东汉时期砖室墓中一种特有的东西,是当时一部分社会生活现实的写照。它在历史科学上及艺术上的价值早已为人们所注意,但是它在墓中的位置和意义以及出土的经过,谈及者尚少。兹就这一方面的情况,做一综合的叙述。

发现经过

汉画像砖的出土及为收藏家所注意,开始于清代末年,至民国初年而渐多。但当时以其上有文字者方为收藏家们收购,如无铭文,虽画面重要,亦在摒弃之列。现在存留的当时出土的画像砖,所知者仅有"桑园"和"东市"两方。"东市"砖上有少数铭文,①"桑园"砖则本无铭文,古玩商人欲欺世以求售,在砖侧伪刻年号,因之得以为收藏家所注意而流传到现在。② 其他无铭文

---

① "东市"砖相传为1930年前后出土于广汉县周村附近,其上有"东市门""市楼"等字,图像可参见刘志远编:《四川汉代画像砖艺术》,中国古典艺术出版社,1958年,图10"市集"。此砖1949年后归四川省博物馆,现存中国历史博物馆。
② 此砖清光绪末年出土于广汉县的五里巷,五里巷相传为古雒城旧址。图像可参见刘志远编:《四川汉代画像砖艺术》,图6"采桑"。此砖现藏四川省博物馆。

的画像砖，据传说，不是当时被毁弃，即被凿为汉砖砚出售。而"二十四字"砖，却得到重视，流传甚广。①

到了抗日战争时期，许多爱好文物的知识分子来到了四川，此时才开始认识到画像砖的重要，而从事收集和研究。于是收藏家亦起而效尤，互相争购。此时期中出土的画像砖为数虽不少，但大多数散失，最著称的一批，相传为成都北郊凤凰山麓赖家店附近所出，出土的数目及情况均不详，其中有车马等砖，而最有名的盐井、弋射收获等画像砖的出土，亦以此为最早。特别是弋射收获砖，画面复杂生动，其拓片传布最多，当时的杂志上，也时有登载。不过此时对于画像砖在墓中的位置及其意义，是不明了的，因为都是由古玩商转手而来，没有经过科学发掘。实际上，在当时的政治环境下，也无法来做科学的发掘。②

画像砖墓的科学发掘，开始于1949年以后。1952年成渝铁路通车之后，即开始兴筑宝成铁路，此时前西南文教部为了保护和征集在筑路工程中出土的文物，成立了"宝成铁路文物征集小组"。该小组于1952年8月初在成都站东乡青杠包发现了汉墓群，其中第3号墓即为画像砖墓，此墓已残毁，但画像砖在墓中的位置尚大半保存，当时即做了清理。③ 随后该小组在德阳黄许镇等地发

---

① 亦称"富贵昌"砖，以其铭文的首句而得名。此砖相传清光绪初年出土于距成都西北约20千米的新繁县东郊，一共出八方，断缺各有不同，但皆为一模所制。1946年修《新繁县志》（卷三十一）金石门载，刘德馨跋曰："吾繁出土之吉语砖文曰'富贵昌，宜公堂，意气扬，宜弟兄，长相思，毋相忘，爵禄尊，寿万年'。共二十四字，分四行，行六字，顺行有阑。横行每三字亦有阑。惟'长相思，毋相忘'两句每句字各有围。皆阳文，篆法方整。自来金石家著录汉砖，无如此砖之字多且精者，初为东郭耕者犁田所得，石止一品，厥范皆同。出甫数年，福山王文敏公懿荣游繁见之，诧为异宝，因携数品以去，此砖遂流传海内。顾其出土年岁，谈者无能详也。"
② 如抗战期中郭沫若同志在重庆江北发掘汉墓，即遭到反动统治的阻挠和迫害而被迫停止，见郭沫若：《关于发现汉墓的经过》。
③ 徐鹏章：《成都站东乡汉墓清理记》，《考古通讯》1956年第1期。

现大批画像砖，虽皆系从筑路工人和农民手中征集到的，但其出土的详细地点及情况，还可以搞清楚。① 1953年成都北郊羊子山发现墓群，羊子山以北（略偏西）约100米的小羊子山第1、2号墓，羊子山以东约70米的第10号墓及羊子山第187号墓，共四墓为画像砖墓。第1号墓为画像砖及石刻画像墓。② 此四墓虽已被盗掘，但除第187号墓曾受严重破坏仅剩画像砖两方和2号墓墓壁倒塌致画像砖散乱外，1号墓及10号墓画像砖砌在墓壁上的位置则完全保存。1954—1956年，四川省文物管理委员会在德阳、彭县等地收集了大批的画像砖③，并于1955年在新繁清理了一座画像砖墓④。此墓的建筑在四川东汉时期的砖墓中是比较复杂的一个，共有画像砖54块，但种类不多。值得注意的是，西王母画像砖砌于最后正中的墓壁上，价值特高，想是有特殊意义的（图一八、一九、二〇、二一）。

近七八年经过科学发掘的画像砖墓连残破者在内，仅有以上六座。数量虽少，但各种画像砖在墓中的位置及它们的意义，我们已经弄得比较清楚了。一般说来，画像砖墓在东汉砖室墓中是比较少和特殊的，例如在青杠包的20余座砖室墓中，画像砖墓仅有一两座，在羊子山墓群的三四十座砖室墓中，画像砖墓亦只四座，大概建画像砖墓的人，在当时的封建官僚地主阶级中，是官

---

① 此批画像砖中之重要者，见全国基本建设工程中出土文物展览会工作委员会：《全国基本建设工程中出土文物展览图录》，中国古典艺术社，1955年，图版二三五、二三六、二三八、二三九、二四〇等。

② 于豪亮：《记成都扬子山一号墓》，《文物参考资料》1955年第9期。

③ 四川省文物管理委员会：《在四川德阳县收集的汉画像砖》，《文物参考资料》1956年第7期；陈中：《彭县太平乡农民挖掘古墓造成死伤事故》，《文物参考资料》1956年第8期。

④ 四川省文物管理委员会：《四川新繁清白乡东汉画像砖墓清理简报》，《文物参考资料》1956年第6期。但报道不详。

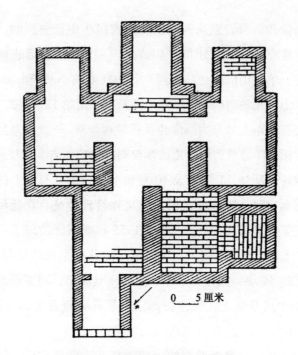

图一八 新繁画像砖墓的平面图

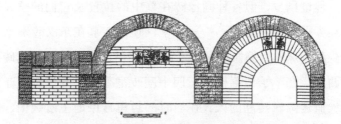

图一九 新繁画像砖墓横剖面及耳室纵剖面图

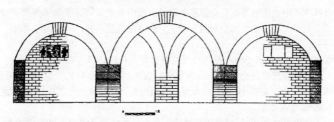

图二〇 新繁画像砖墓中室及东西两侧室横剖面图

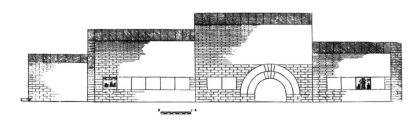

图二一　新繁画像砖墓墓道、东前室、中室及中后室纵剖面图

阶较高和较富有者。再者，东汉时期砖室墓虽全川皆有，但以现在所知，画像砖墓仅限于川西平原及其附近的一带，四川其他各地尚未有发现。

画像砖墓的建筑

四川东汉时期的墓葬，主要有两种，一为砖室墓，一为崖墓，而崖墓在数量上则较砖室为多。不过崖墓均限于丘陵地带和有红砂岩的地方，而砖室墓则多为平原地区的一种墓葬建筑。此不过仅就一般而言，丘陵地带亦间或有建砖室墓者，但为数不多。此两种墓葬中均出有大量的陶器、陶俑、铜器、铁器等物，各种器物的性质、形状等亦大体相同，唯崖墓中尚未出土过画像砖。崖墓中的雕刻，大半均刻在所谓"石函"之上。石函在崖墓中的作用，相当于"椁"，因石函中往往另置瓦棺或有瓦棺的碎片，但崖墓中亦有仅置瓦棺而不用"石函"的。砖室墓中到后期则多用瓦棺，但绝少用"石函"。

砖室墓在建筑上颇为简单，形制亦不甚大。一般均为长约3—4米，宽、高约2米多的砖券建筑，有的较此更小，且多为丛葬，即"一冢数藏"（稍为大型的崖墓亦均为丛葬，即一墓中数棺，因崖墓中不出画像砖，故在此处从略）。砖券的建筑大体上亦可分为两种，但均使用"花砖"。花砖一般长约37厘米，宽约24厘米，厚约9厘米。花纹多用几何纹，或配以"联璧""五铢""凤凰""瑞草"等纹，均在侧面。建墓时先在地平上筑基，墓基或垫以卵石，再于基上起墙，墙砌至约1米或1.5米（视墓之大小而定）时，再用楔形砖砌券。砌砖时使砖上的几何花纹互相连续，在墓壁上构成一个完整的图案。砌砖时不用白垩而用泥浆合缝。墓的前后均用花砖封闭。比较大的墓葬，墓室前另建一约2米长的砖券墓道，高矮宽窄略小于墓室。墓道前有先用石门封闭，门外再封以砖的。墓内亦间有建耳室的，但为数极少。墓室地平则横砌或斜砌砖面地平。画像砖（如有的话）均出在此类的砖室墓中。（图二二）

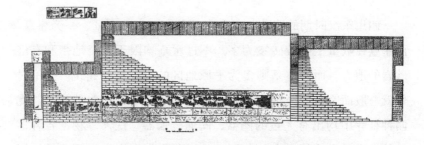

图二二　成都北郊小羊子山1号墓纵剖面图（东壁）

此墓为一砖石建筑，室前有墓道，后附后室，墓道两壁嵌画像砖，墓室壁上则为石刻。

另一种砖室墓，起券不用楔形砖，而用子母榫砖，砖亦较厚大。子母榫砖券实际上亦可分为两种，一种（图二三）子母榫在砖的两端，榫面稍斜，起券时子母榫相合即成券。此种券拱比较单薄，载重力不大，故埋葬后虽不经破坏，在封土的压力下亦往往自行坍塌。再一种（图二四）子母榫在砖的两侧，砖作楔形，砌券时亦以子母砖相合而成券。此种砖券较厚，载重力亦较大。这种子母榫砖券均仅宜于跨度不大的小型砖室墓，大型砖室墓中绝未有用此种砌法的。自时代上言，子母榫砖券墓多为西汉后期和东汉前期的墓葬，至东汉后期则绝少，亦无有画像砖者。

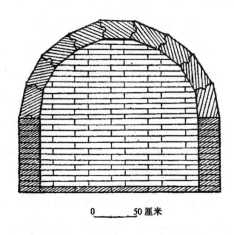

图二三　羊子山 121 号墓横剖面图

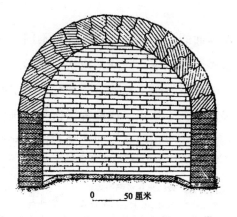

图二四　羊子山 67 号墓横剖面图

画像砖在地域上的区别

　　成都地区所出的画像砖（新繁县距成都市仅 10 余千米，所出土画像砖亦与成都地区所出者相同，故列入成都地区以内）与其邻近各县所出的画像砖，在形制上是极易区别的。成都地区的汉墓，均出在现成都市的北郊和西北郊，东、南、西郊汉墓甚少，亦未发现有画像砖墓。[①] 成都地区的画像砖均为约 40 厘米见方的方砖，画面比较复杂，线条亦比较遒劲。同一题材虽发现有用两种不同的版模的，但大致上则似为一家所制。成都附近各县（如广汉、德阳、彭县、新津、邛崃、彭山、宜宾等）所出的画像砖，均为长约 46—47 厘米，宽约 26—27 厘米的长方形砖（有的还稍小），而绝无方形的。画面一般不及成都方面的复杂，人物也不如成都方面的生动。以砖的质料来说，砂粒比较多，故砖质较为粗糙。

　　此两类砖在画面的技术表现上，亦各有不同。成都方面的画像砖，表现方法多采用线条，间或采用浅浮雕形式，或者用二者相结合的方法，故显得特别生动而富于变化，使主要部分鲜明突出。这是一种很高的艺术造诣。成都郊区以外的画像砖，一般都采用浅浮雕的形式，而少用线条，即使偶尔用一些线条，亦不如

[①] 在 1949 年前古董商有言画像砖出在成都西郊者，但不可尽信，亦不能确指在何地，因在以前，古董商人对于古物的出土，从不告人以真实地点。自民国初年以来，在成都西北郊发现的汉墓，仅五里墩一处，现尚有该墓出土的少数花砖及铜器，存四川省博物馆。其他尚未见西郊发现有汉墓。自两汉以至唐宋，西郊、南郊为成都的住宅区，记载中许多有名的住宅（如司马相如宅、薛涛宅），均在西南郊。

成都地区的简练，所以在画面上略微显得粗糙呆板。①

　　以上系就画面印在砖的平面上，专作为装饰的画像砖而言，这一类的画像砖在墓中并不起建筑上的作用。另有一种画像砖（一般称条形砖）其画面都印在砖的侧面，画面均宽不到10厘米，长不及30厘米。砖则为一般砌墓的花砖，用画像代替几何形花纹而已。因为面积很小，所以画面都比较简单，表现方法一般均用浮雕形式。② 这一类的画像砖，我们认为是比较早期的作品，因为从四川汉代花纹砖演变的情况来看，早期的花砖都比较厚大，花纹也较生动复杂，到了后来，砖的体积愈变愈薄小，花纹则愈简化而愈图案化，到了西晋时期，砖的厚度一般不超过5厘米，不仅花纹更加单调，且其上多有印造作年号的。西晋以后则一般不作花砖。

画像砖的制作

　　所有画像砖的画面，均为模制，故往往在不同的墓葬中发现有同模的画像砖。例如弋射收获画像砖，先后出土者共有六七方之多，均为一模所制。又如讲学（亦有称为"传经图"者）画像砖，一出青杠包3号墓，一出小羊子山2号墓，但模则完全相同。

---

① 以《四川汉代画像砖艺术》中所收的画像砖而言，图1、3、4、7、10、14、15、17、23、24、31、32、33、43、44、49、50、52、54、55、56、57、58、62、63、64、69、70等砖均为成都区域的画像砖。图2、5、6、8、9、10、11、12、20、21、22、26、27、28、30、34、35、36、37、39、40、41、42、45、46、47、48、51、53、61、65、66等均为成都区域以外的画像砖。见刘志远编：《四川汉代画像砖艺术》，中国古典艺术出版社，1958年。

② 如《重庆市博物馆藏四川汉画像砖选集》（重庆市博物馆编，文物出版社，1957年），图版一三、一七；《四川汉代画像砖艺术》，图版一六、二九、五九、六〇、六九等，均为所谓"条形砖"。

其他亦有题材虽同，印模则异的。例如盐井画像砖，羊子山 1 号墓所出者①和四川省博物馆所藏者②画面虽大体相同，但所突出的重点则各有不同，显系两模所制。在成都以外各县出土的画像砖，尚未发现有同模制造的，大概当时各县各自制造当地所需要的画像砖。

画像砖的制造法，系在木板（据推测如此，有的画面上偶尔留有修补木模的"细腰"痕迹）刻上画面的阴模，再用泥制成与木板同大小的方砖，趁砖泥未干时将木模印上。在羊子山 10 号墓所出土的一方双阙砖上，当画面印上后，有狗踏上的足迹，且痕迹甚深，③可见当画面印上时，砖泥尚是很湿的。

砖上原来均绘有彩色。在羊子山四座画像砖墓中所出各砖，上面尚局部保存有红、绿、白三种颜色，特别以 10 号墓砖上保存得最多。上颜色时是否先将整块画面涂白色后再上其他颜色，现在尚无法确定，大概很可能是如此。各砖因在土中浸润了约 2000 年之久，故绝大部分的颜料均已完全脱落，只剩下用模印上去的凸出的部分或线条。所以我们现在所见的印在画像砖上的画面，在当时只不过是供绘彩色时作轮廓用的。将这种彩绘的画像砖砌在用花砖组成美丽图案的墓壁上，装饰的效果是很好的。

画像砖在墓壁上的嵌法，系在墓壁砌至 30—40 厘米处，将壁砖内收约 4—5 厘米，恰容画像砖的厚度，再砌至画像砖的高度时，将壁砖伸出与画像砖相齐，④故画像砖在墓壁上与其他的花砖平齐，构成墓壁的整个墙面。

---

① 重庆博物馆编：《重庆博物馆藏四川汉代画像砖选集》，图一。此砖与羊子山 10 号墓所出者系同模。
② 刘志远编：《四川汉代画像砖艺术》，图 3。此砖相传为 1940 年新（津）、邛（崃）道上的花牌坊出土。
③ 重庆博物馆编：《重庆博物馆藏四川汉代画像砖选集》，图三八：凤阙画像砖。
④ 墓券低矮者，在地平一两层砖上即开始起龛，如羊子山 10 号墓即是。

画像砖在墓壁上的排列，近墓门处首为"阙"画像砖（有短墓道者，则嵌于墓道近门处），两壁左右各一方，此是象征墓主人的官阶和地位的表征之一。在汉代，官阶至"二千石"以上者墓前方可立阙，例如现在尚保存的四川汉代墓前的石阙（如有名的八阙），其墓主均是做过太守以上的官吏的。画像砖上的阙，当然是代表墓主在生前门前所立的阙观。

阙砖以后的各画像砖的排列，在墓中似无一定的顺序。大体上言之，阙砖以后，则砌车马和出行等画像砖，再后砌生产及室宇等画像砖，最后则为墓主的生活及行乐等画像砖。故一个墓中的画像砖，往往是当时封建统治阶级在生时的生活写照，而画像砖中所描绘的劳动生产的人民，则是墓主在生时的奴仆。按汉人的观念，"事死如事生"，凡生人所需者，死后亦需之。故将这些生产的画面置之墓中，以供死者继续享用。

画像砖的年代

四川的画像砖一般均以汉画像砖称之，但严格来讲，所有的画像砖均系东汉后期和蜀汉时期的作品——条形画像砖或者稍早——大致相当于2世纪后半叶至3世纪前半叶。此为我们利用这一批画像砖作为历史研究资料时，所不可不知者。

按四川东汉时期的砖室墓，绝大多数均没有文字资料以资判明其绝对或相对年代，仅有少数墓葬的花砖上印有年号。如广汉太平场附近一般所称"黑将军墓"者，其中的花砖上少数有"永元八年"（公元96年）年号。① 又如羊子山59号墓，在起券的楔

---

① 刘志远编：《四川汉代画像砖艺术》，图29"猿戏"。

形砖上印"永初三年"（公元109年）年号（图二五）。这类有年号的墓在砖室墓中仅占极少数，但为四川砖室墓的相对年代的推断，也提供了一些根据。总的说来，四川砖室墓的年代，主要是靠墓室的建筑、葬具、陶器和陶俑等的演变来推断的。

据现在四川砖室墓发掘的材料来看，其发展大致可分为四个阶段或者四个时期：

Ⅰ西汉晚期。相当于元帝以后至新莽以前，因此期墓葬中大量出土宣帝以后的西汉五铢，而绝不出新莽时期的钱币。墓券用子母榫砖砌建，花砖厚大。葬具用木制。无陶俑。陶器中有扁圆、短颈、卷唇大平底罐，圆筒形井，曲突形灶，蹄形足案，小底厚唇碗等。这些陶器与其前或与其同时的土坑墓中的陶器，大致上是相同的。

图二五　羊子山59号墓楔形砖端年号拓片

Ⅱ新莽至东汉初期。大致相当于新莽至东汉明帝年间。墓室的建筑与前一期同，棺椁仍为木制。陶器中亦有大部分与前一期相同，唯新增加了制作粗糙的小陶俑，数量亦不多，并出土了大量的新莽钱币和东汉初期的"五铢"。

Ⅲ东汉中期。大约相当于章帝至桓、灵以前。此一期的砖室在结构上有了变化，起券不用子母榫砖而用楔形砖，墓室的规模仍不大，多为单室，但已有小耳室及短墓道出现。铺地砖虽仍有直铺，但已有横铺或横、直相间和斜铺。葬具虽仍有木制者，但瓦棺已成为主要形式。前一期的陶器已不见或极少见，为一般所认为标准的东汉时期的陶器所代替，如短颈、斜肩、大腹的平底罐，方形陶井，两端小、中间大的圆柱形囷等。钱树座于此期中开始出现。陶俑的制作较前精致，形制较大，种类亦较多。莽钱完全绝迹。永元八年和永初三年的墓即属于此一期。

Ⅳ东汉晚期。大概相当于自桓、灵以至蜀汉这一期间。此一期的墓室建筑仍如Ⅲ期，唯大型墓多有复室（如前后间、耳室等）及短墓道。葬具仍以瓦棺为主。前期的陶器仍保留，唯种类加多，且有釉陶出现。陶俑的制作不仅愈发精致、生动，且多大型俑，有高达1米以上的。四川最精美的陶俑，均出在此一期的墓葬中。镇墓俑头为此期墓葬中的特有物。钱树座的形式亦多，有的为"神山"式，高达1米左右。钱币则有"剪边"和"直百"五铢等出现。此时期墓葬中最特别的东西则为画像砖。

以上系四川东汉时期砖室墓演变的主要情况，其演变的过程仅列举墓室的建筑、陶器（包括陶俑）和葬具等方面，但在铜器（如铜镜）、铁器（如铁刀、剑）方面亦可看出同样的情形，不过因此类墓葬几已全数被盗毁，有的还不止一次，金属器存留者甚少，故此处从略。再者以上四期的分法，若从大体上言之，不过仅有两期，现在因为要说明画像砖墓的确切年代，故将其分为四期。换言之，四川画像砖均系东汉桓、灵以至蜀汉时期制作的，而精美的、大型的陶俑亦是如此。

画像砖的内容

画像砖所取的题材是非常丰富的，其内容主要包括封建地主阶级的剥削生活和劳动人民的生产活动。如从墓主方面而言，出则伍伯前驱，骑吏、鼓吹等前导，后有属车随拥，可谓极尽武之能事。入则院宇深邃、酒肴罗列、歌舞杂陈，亦可谓极尽人间之奢淫。至于劳动人民，大都褐衣短袴，不是操作于田中，就是奔走于统治阶级的家庭劳役，与那些峨冠博带不劳而食的剥削阶级，成一鲜明对比。其他如庭院的布置、田圃的形状、车马的制度、兵仗的种类以及统治阶级与劳动人民的服装、生产工具的样式和操作的方法、杂技、舞蹈、音乐、游戏等等，都能从画像砖中看到，一方面可以与文献记载相对照，另一方面可与出土的实物相印证。所以这些画像砖是我们研究东汉晚期生活（至少是在四川方面）最生动、最可靠的资料。

1949年以来所发现的画像砖，一共不下200方，除重复者外，不同题材的约有50余种，按其内容可分为以下五类，由此可以窥见四川画像砖的全部内容。

第一类为生产、劳动画像砖。其中包括播种、收割、舂米、酿造、盐井、桑园等，以及剥削阶级的家庭劳动如庖厨等画像砖。这是画像砖最突出的部分，不仅将当时的主要生产活动收入其中，也是当时人民一般生活最真实的写照。

第二类为建筑画像砖。这一类的砖是比较少的，除庭院的建筑和室内布置外，其中主要的为"阙观"，它不仅可与四川现存石阙做比较研究，亦可与文献记载相印证，是研究汉代建筑的珍贵资料。

第三类为社会风俗画像砖。这一类的砖内容比较丰富，其中有市集、宴乐、游戏、舞蹈、杂技，以及剥削阶级的家庭生活等。从其中可以看出当时统治阶级奢侈淫逸生活的一斑，亦可与劳动生产情况做一对照。

第四类为车骑出行画像砖。这一类画像砖所描绘的，都是统治阶级出行所谓"鲜衣怒马""以财相雄"的情景，是他们威吓人民所摆的臭架子。从其中虽可以考见当时的一些制度，更重要的，是与以前各类画像砖一起可以看出许多民间艺术家成功的创作，因为他们随便在处理哪一类的题材上，都表现出高度的、写实的禀赋。

第五类为神话画像砖。四川汉墓中的神话题材，主要为"西王母"的传说和"日""月"二宫，二者在墓中或均具有厌胜的作用。又汉墓中有置所谓"秘戏"砖的及崖墓石门上刻男女生殖器者，说者亦有谓为同样的意义。此类画像可以表明当时的一些传说及迷信思想。

画像砖的种类虽可以以上的五大类统括之，但此不过系就整个画像砖的内容而言，而它们在每一个墓中，则系表现一种固定的社会生活——特别是剥削阶级的固定社会生活。从已发现的画像砖来看——以成都地区出土者为例——凡是同一题材的，都系一模所制，很少有不同模的，就是有，也不超过两种模。由此可以证明在当时仅有一两家制造此种画像砖的场所，有如近代的"纸扎店"。丧家在建墓时，即可按照墓主的身份和社会地位，购买与其相合者砌在墓壁上，作为墓主在死后的享用。这种情况，从画像砖墓另一种现象中，亦可看出：墓有大小，墓壁有广狭的不同，在没有与墓主身份相符合的画像砖时，为了将墓壁填满，有的就只得将相同的画像砖反砌于墓壁上。成都羊子山10号墓（图二六、二七）即是如此。又如羊子山1号墓（图二二），此墓为东汉后期最大的砖室墓之一，前有墓道，后有后室。墓道两壁及进入墓室转角处共砌画像砖十方，墓室两壁则为复杂的石刻画像，以描写墓主的生活。推想其用意，大概是能购买到的画像，不能全部表现墓主的社会地位及生活，故用专刻的石刻来表现。其他几座画像砖墓，仅按砖的多寡，在墓壁上留出受砖的龛穴，

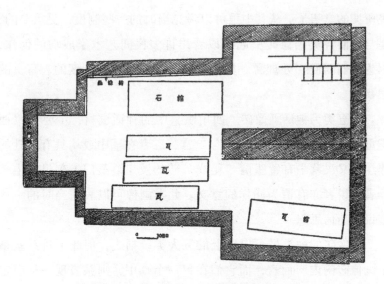

图二六　羊子山 10 号墓平面图

此墓"布币形",为砖室墓中比较特殊者。其中有瓦棺四具,石棺一具。画像砖均砌于墓道及前室两壁。

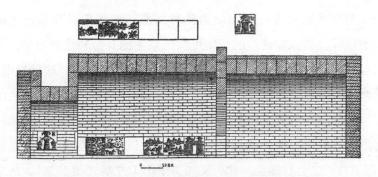

图二七　羊子山 10 号墓纵剖面图及南壁画像砖的位置

墓壁并未全砌满画像砖。凡此种种现象,大约并不是无意义的。再如每个墓中均有出行的车骑导从画像砖,但各有多寡繁简的不同,这显然是与身份有关的,在当时的封建社会中有一定的制度,是不能逾越的。所以我们在研究这些画像砖时,除了研究它们的整个内容之外，还须注意它们在每个墓中相关的关系，如此方能明了它们的整个意义。这并不是说仅注意封建统治阶级的一定的社会生活，我们须知，剥削阶级是一个寄生阶级，是靠剥削人民的劳动成果而生活的，是离不开劳动人民的，这是墓中嵌置各种生产和各种劳动人民活动的画像砖的意义。若将一个墓中表现一定生活的全部画像砖加以考虑，则更能显露出劳动人民在整个社会生活中的地位和关系。

（原载《文物》1961 年第 11 期）

记唐印本陀罗尼经咒的发现

1944 年 4 月，四川大学修筑校内自荷花池至锦江（俗称府河）边的道路，于近江边约 50—60 米处发现小型墓葬四座，其中三座（相连的）为小型南宋墓，另一即出印本陀罗尼经咒的唐墓。当时我同杨有润同志前往清理，费了一天的工夫将此小型唐墓清理完竣，唯因天色已黑来不及将人骨架取出。俟次日清晨再往取时，人骨架已在夜中被人扰乱打碎，墓底砖已被掘起。此墓中的文物虽已全部取出，各种图亦已绘制，但人骨架的被毁，亦是一种损失，因为在四川地区明以前的墓葬中，很少保存有比较完整的骨架的。于此亦可见当时做考古工作的困难了。

清理后曾编有发掘报告，一直没有机会发表。1949 年后我于 1951 年调至重庆前西南博物院，遂将全部资料连同照片底片、绘图等移交前川西博物馆。1955 年我又调回成都四川省博物馆后，即想着手整理此项报告，但除了墓葬图一张和器物照片的底片三张以外，其他均尚未查着。现在我只能根据自己所保存的当时的日记，做简短的报道，以备研究者参考。不过日记中只详于记事和推测，而略于测量及现象的描写，故此文中所举出的各种测量数字，只能以大概视之。

此墓位于当时新修路基的北边，东南距江边约50—60米，西南距相传的唐薛涛墓不及0.5千米，东北距望江楼亦不过1千米。此地原为水稻田，故墓的上部建筑全毁，只余墓下部的砖墙约高30厘米。修路掘土填墓时将上面的农耕土取去后，即露出残存的砖墙，未扰及墓的下部。（图二八、二九）

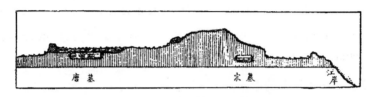

图二八　唐墓附近地形剖面图

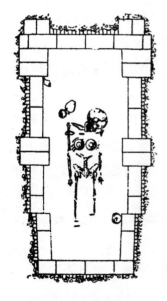

图二九　墓葬平面图

墓的建筑，以江中卵石筑基，在基上起砖墙。砖墙的铺砌法，为"三平一竖"式，即平铺三层再立砌一层，如此重叠而上。墓顶早毁，故其建筑形式不可知。墓底平铺砖一层。全墓长约2米，宽不及1米。墓的下部完整，未经扰乱。

棺椁已全朽，只余少数铁钉的痕迹。尸体仰卧，西南向。两乳上各复置一碗，口中含开元钱两枚，两手各握珉玉小棒及开元钱两枚。右臂上戴银镯一只，印本经咒即装置在银镯里面。头的右部置双耳陶罐及陶盏各一个。左足附近仰置陶碗。从殉葬器物的数量来说，是不丰富的，但其放置的位置，则颇为特别。如双乳上各复置一碗，为四川墓葬中所仅见，直至现在尚未发现类似的现象。

墓中未发现有墓志或地莂,① 故其确实年代不可知,只能从墓的建筑及随葬物品来加以推测。

此墓建筑的砌砖法,是"三平一竖"式。这种砌砖法在长江中下游南北朝时期即已有之,② 但在四川至唐代方始盛行,这许多年来我们在四川所清理的中小型唐墓,几无一不是这样砌建的。③ 此种砌砖法到五代时则渐稀少,宋代虽亦有之,但极少,砌法亦有变易。如竖砌的砖,往往为"三横一直",使壁上形成许多小龛,墓底大半有"腰坑"。今从此墓的建筑形式看,还是四川此种砌砖法的比较早期的形式。

此墓中出有陶器五件,计碗三件、双耳罐一件、盏一件,均为四川所称的琉璃厂的"厂窑"。按琉璃厂的旧窑址在成都东门外距中和场不远的地方,距此墓所在地不过5千米。琉璃厂窑所经历的年代,因尚未经过发掘,还不能确知,不过从现有的材料看,最早者可到盛唐,最晚者可至北宋初年,北宋以后似被放弃。在明代曾一度恢复,但明代的"厂器"与唐五代的"厂窑"则迥然不同。④ 据我所知道的厂窑陶器,属于早期者,多为实足;属于晚期者,多为圈足。今此墓中所出的陶器均为实足,所以它们的年

---

① "买地券"在四川起于五代,盛于两宋及明。像这样规模的宋墓中,一般必有"地券"。于此,亦可证其时代系在宋以前。

② 武汉市文物管理委员会:《武昌任家湾六朝初期墓葬清理简报》,《文物参考资料》1955年第12期,插图二;屠思华、李鉴昭:《南京梅家山六朝墓清理记略》,《文物参考资料》,1956年第4期。

③ 可参看四川省文物管理委员会:《四川官渠埝唐、宋、明墓清理简报》中的唐墓,《考古通讯》1956年第5期。

④ 琉璃厂遗址中发现有若干有年号的陶片,其中最早者为"天宝",最晚者为后蜀"广政"。但琉璃厂系的陶器,即一种紫胎带粉黄色陶衣(一般称为粉釉)的陶器,在北宋墓中亦有发现,但其形式与早期者略有不同,在墓中的排列,亦与在唐墓中者迥异。关于琉璃厂的情况可参看林坤雪:《四川华阳县琉璃厂调查记》,《文物参考资料》1956年第9期。

代，应在五代以前。

伴出的还有开元通宝六枚，两枚在口中，两手各握两枚。六枚同为一式，幕有"益"字，系四川益州监所铸。按武德四年（公元621年）初行开元通宝之时，曾于洛、并、幽、益等州设监铸钱，但不以监名名钱，其以监名名钱，始于武宗会昌（公元841—846年）年中。由此就限定了这一墓葬的时代上限，不能早过850年以前。至于下限，则不能以此确定，因后来的墓葬可用前代的钱殉葬。不过《新唐书·食货志》曾说："及武宗废浮屠法，永平监官李郁彦请以铜像、钟、磬、铲、铎皆归巡院，州县铜益多矣。盐铁使以工有常力，不足以加铸，许诸道观察使皆得置钱坊。淮南节度使李绅请天下以州名铸钱，京师为京钱。大小径寸如开元通宝，交易禁用旧钱。会宣宗即位，尽黜会昌之政，新钱以字可辨，复铸为像。"因为当新钱流行之时曾有"禁用旧钱"以及后来有新钱"复铸为像"的记载，"监"钱似曾经大量被毁铸，后来亦曾大量被销毁。今从此墓中的六枚开元通宝尽为益州监钱来说，虽可解释为此墓可能系葬于"监钱"流行之时，但这种现象也可以有另外一种解释：因为有监名的钱大半为佛像所铸，这对于佛教徒来说，当有一种吸引力，故留之以殉葬，故葬时不一定在此种钱流行之时。

另一方面，以我们在四川发掘墓葬的经验，唐宋墓葬中所出的钱，大半都是当时所流行之品，如"开元"绝少与"五铢"同出，宋钱亦绝不与"开元"同出。虽南宋的墓可出北宋的钱，但亦是当时流行的货币。特别是将钱握于两手之中，这是唐代的特殊葬法，宋、五代的墓葬中绝不如此，当有一种特殊意义。① 根据

---

① 可参看四川省文物管理委员会：《四川官渠埝唐、宋、明墓清理简报》中的唐墓，《考古通讯》1956年第5期。

这些事实，我们推测这一墓葬不会晚到五代初年，因为当五代初年王建据有蜀土时，铸钱颇多，① 而此墓中未有发现一品。此一推测，由所发现的经咒印本亦可得到一些旁证。

此经咒印本系装置在骨架臂上的银镯之内。在初发现时并不知道银镯里面有东西。当取回馆中整理时，因银质已朽，小处有破损，觉其中装有弹性物品，有如橡皮。乃将银镯剖开，乃知是纸，但已固结，不易展开。在将其展开时，曾小有破损。

此印本为 31 厘米×34 厘米，对角紧紧卷裹，装置于镯中。纸为茧纸，极薄，半透明，但韧力甚强。据见过旧纸极多的装裱工刘绍侯同志说，此为唐代茧纸，为茧、桑皮、麻加檀木浆所制，故在光线下视之，表面有光泽，甚薄而有韧力，虽在潮湿中浸润千余年之久，但仍能将其舒展，若系他种纸张，则早已成纸浆了。其他有许多对中国的旧纸有研究者亦均认为系唐纸，不过我对纸张的鉴别全系外行，此纸亦未经过化验，今只略述对于纸张有研究者的意见于此。

印本中央为一小方栏，栏中刻一菩萨像坐于莲座之上，六臂手中各执法器。栏外围绕刻一种梵文，中国佛教经典中所称为天城体②的经咒十七周。咒文外又雕双栏，其中四角各刻菩萨像一，每边各刻菩萨像三，而间以佛教供品的图像。

印本右边首题汉文一行：“（成都府）成都县□龙池坊□□□

---

① 前蜀王建曾铸"永平""通正""天汉""光天"，王衍曾铸"乾德""咸康"等钱，其中以"永平"为最难得，其他流传均多。
② Deva－nagari，梵语义为"神圣经文体"（devine sccipture characters）。斯坦因称此种体为 Brahmr，在说明中又称为 Corrupt Sonskcit，未知孰是。按此种字体的经咒石刻，据重庆市博物馆邓少琴副馆长告著者，在峨眉山大峨寺及西昌两处均有之，皆为唐刻。不过我个人未见到，亦未见到拓本。邓副馆长对于四川的金石碑版所见甚多，搜罗亦富，其言当必有据。

近卞□□印卖咒本□□□……"字体圆活秀劲,饶具唐人书法的风格。虽系雕版,不若北宋刻本之方板而显示雕凿的痕迹。从字体及刻法论,亦当系唐代作品。

"成都府"三字已漫灭其半,但以"成都县"三字例之,则是很清楚的。在唐代成都称"府"始于肃宗至德二年(公元757年),因为唐代的惯例,凡是封建天子行幸驻跸之地,例改称为府。天宝十五年(公元756年)玄宗逃到成都,后一年回到长安,遂改蜀郡为成都府,长史为尹。五代时成都为前后蜀的都城,故仍称府。宋初历有变动,如太平兴国六年(公元981年)降为州,端拱元年(公元988年)又复为府等。龙池坊今不可考,大概在今成都城的东北部。据《旧唐书·地理志》说:"贞观十七年,分成都县置蜀县,在州郭下,与成都分理。"乾元元年(公元758年)二月改为华阳。自是之后,成都县在西北,华阳县在东南,同城而治。龙池坊既在成都县,自当在现成都城的东北部,因为在唐以前成都城内的诸大池多在东北,而以"龙"名者不其一处。① 唐代街市称坊,相沿至宋代不改。故由此印本上的地名不能定其时代为唐或为五代。

---

① 《华阳国志》及《水经注》均言"城北有龙堤池",其处今已无可考。唐宋之时,今成都城中心有一大池,名摩诃,王建据蜀称帝时曾改为跃龙池,或龙跃池。《新五代史·前蜀世家》说"元膺(建之太子)匿跃龙池槛中",即系指此。王衍时改为宣华池,但一般记载中则仍称摩诃池。孟昶《花蕊夫人》宫词中屡屡提到龙池,如"龙池九曲远相通""龙池凤苑夹城中""宣使龙池更凿开""乐声飞出跃龙池"等等,不一而足,大概均系指摩诃池。摩诃池系在前后蜀的宫禁中,外面的坊市自不能以之为名,除非在王蜀之前,已有龙池之称,但此种可能性甚小。虽《方舆胜览》言摩诃池名称之起有:"隋蜀王秀取土筑广子城,因为池。有胡僧见之曰:摩诃宫毗罗。盖梵语谓摩诃为大,宫毗罗为龙。谓此池广大有龙耳。"但又一说以为系萧摩诃所凿,故称摩诃池。按摩诃池之称龙池,大概仅限前后蜀的宫中,外间一般则仍称摩诃,此于当时记载中及宋代宋祁、陆游等所记者均可证,想龙池坊或与此无关。

斯坦因在新疆、甘肃一带盗窃我国文物时,在敦煌千佛洞亦发现与此类似的经咒印本一张。① 雕版较此本为复杂,并刻有施主及刊刻人的姓名,并刊刻人的"手记"及年月,时为宋"太平兴国五年六月二十五日"。"手记"首题"大随永陀罗尼"。记中有:"若有人持此神咒者,所在得胜。若有能书写带在头者,若在臂者,是人能成一切善事,最胜清净,为诸天龙王之所拥护,又为诸佛菩萨之所忆念……"可见当时将此种"神咒"带在身边为一种风气,有如现在藏族之带"告乌"。特别是"若在臂者"与此墓中所发现的情况正为相合。

从雕版及所刻汉字的字体来看,敦煌的印本应较此墓中所发现者为晚。敦煌的雕版比较复杂精致,可见雕版技术已达到了很高的水平,而字体的刻画,已具北宋刻书字体的风格,比较呆板而呈露雕凿的锋芒,不如此墓中印本上的字体圆润自然。

我们根据这一印本的出土情况及印本的本身来推断它是唐末的东西,这从四川当时的雕版发展情况来看,亦可以得到一些旁证。我们知道四川在唐文宗(李昂)太和九年(公元835年)前后就有"以版印历日"之事。历书是农民大众所最需要的一种书籍,能"以版印",其数量当不在少数,而雕版技术亦必定有相当的发展。在9世纪末叶,黄巢起义军占领长安后,随着僖宗(李儇)逃到成都的柳玭,后来在他的家训序中记载当时成都刻书的情况说:"中和三年癸卯夏,銮舆在蜀之三年也。余为中书舍人,旬休,阅书于重城之东南,其书多阴阳杂记、占梦相宅、九宫五纬之流。又有字书小学,率雕版,印纸浸染,不可尽晓。"②

---

① 见 Serindia, Vol. IV, Pl, Cl。
② 《旧五代史·明宗纪》注所引。

由此，可见当时蜀中刻版之盛，而宋朱翌直以墨版始于蜀，亦不为无因了。①

在9世纪之中，四川刻书之风既如此兴盛，佛教徒利用雕版来印刷符录经咒，是极为可能的。而论印刷史者，以为雕版之起，其始多为印刷宗教上的宣传品，证之以所发现的最早的印刷品多为佛教经咒及佛像可验。果其如此，蜀中在9世纪中能刊刻比较大部的"历日""阴阳杂记占梦相宅九宫五纬之流""字书小学"之书，比较简短的佛像经咒的刊刻应在其前，亦是自然之势。敦煌所发现的最早的雕版印本，均无刊刻的地名，此印本中详记有雕版及印卖的地方，在研究中国印刷史的掌故上，自是一种很珍贵的资料。

（原载《文物参考资料》1957年第5期）

---

① 《猗觉寮杂记》（卷六）："雕版文字，唐以前无之，唐末益州始有墨版。"

前蜀王建墓内石刻伎乐考

王建墓中室内置棺椁的石座东南西三面雕刻有伎乐24人，计舞者2人，奏乐器者22人。此一群雕刻，不只在艺术上表现出极高的技术水平和现实主义风格，而且是一部极完整的、乐器最多的音声队，为考见唐五代音乐和乐队组织的极重要的资料。

国内石刻中刻伎乐的，亦往往有之，如云岗、龙门、麦积等石窟内佛座及头光上所雕的伎乐天即是其例。敦煌壁画中亦多有之。不过此类材料，到现在尚未经过学者们的整理，且多剥蚀不全，整理亦不易。又云岗等处石刻和敦煌壁画中的伎乐天，在服装及乐器上尚保持着纯粹的胡乐风格，而王建墓内的伎乐，则完全是中国的音乐，是中国古代艺人精心的创造，所以它在研究民族音乐的发展上，更是珍贵的材料。

为了说明王建墓内伎乐的性质，先将唐代音乐的大概情况予以简略的叙述，我想是有一些帮助的。

隋唐结束了自东晋以来南北对峙的情况，开创了政治上的统一局面，因之，社会、文化各方面都呈现出一种新的面貌，音乐亦进入了一新的综合创造时期。在隋及唐初时，音乐上显然有三种流别：一种即一般复古者称之为"先王之乐"的雅乐；再一种为清乐，即自汉魏以来所创造的"新声"；第三种为燕乐，即北朝以来结合外来的音乐所发展的一种新乐。燕乐特为唐人所重，它是中国音乐发展史上一种承前启后的音乐，故特为重要。① 所谓清乐、燕乐，对雅乐而言，都是俗乐。此外尚有"胡部"，即胡乐。如唐初承隋之旧于宫廷宴享中奏九部乐，九部乐中除清乐、西凉（即国伎）和礼毕外，② 其他如扶南、高丽、龟兹、安国、疏勒、康国等均为胡乐，而太宗（李世民）平高昌后又加入高昌乐，为十部。其他如散乐③、凯乐④，因其非"部伍之正声"，均不在此三种主要流别之内。不过这些音乐，在当时都是互相影响的，如《旧唐书·祖孝孙传》说："陈梁旧乐（即清乐），杂用吴楚之音；周齐旧乐（即燕乐），多涉胡戎之伎；于是斟酌南北，考以古音，作大唐雅乐。"由此可以知道当时各种音乐互相影响的情况了。

现在我们可将唐代的这三种主要音乐流别略为论列，借以明其发展及互相影响之迹。

所谓雅乐，即中国所固有的（或者是最早的）一种原始的音乐，其乐器及音调是极其简单的，其中虽包括了金（钟）、石（磬）、丝（琴、瑟）、竹（箫）、匏（笙、竽）、土（埙、缶）、革

---

① "雅乐既无多，复遭摒弃，故其乐谱俱不传。所传于宋代者，燕乐一种而已。由是乐律生大变化，盖宋元明诸代之乐，皆燕乐之支流余裔也。燕乐非古雅乐，而袭古乐黄钟、太簇诸乐律之名；又颠倒错乱其次序，并参以胡乐声调名目。而后世治乐者，遂梦如乱丝，不易治理矣。凌廷堪谓'今世俗乐，与古雅乐，中隔唐人燕乐一关'。故燕乐者，又研究乐律所必知者也。"见许之衡：《中国音乐小史》，商务印书馆，1930 年，第 45 页。许氏所论不必尽当，但燕乐在中国音乐发展史中之重要性，于此可见。

② 礼毕即开皇时七部乐中的文康伎，炀帝（杨广）大业中改为礼毕，因"每奏九部乐终则陈之，故以礼毕为名"，见《隋书·音乐志》。其乐属于清乐系统。

③ 散乐系杂技中伴奏的音乐，《唐会要·雅乐下》说："非部伍之声，俳优歌舞杂奏，总谓之百戏。"

④ 即军乐，所以备军容。源出于前代的鼓吹或骑吹。《通典》将其列于杂乐类。

（鼓）、木（柷、敔）等八种质料所制成的乐器的"八音"，但限于当时的生产技术水平，乐器自然是相当简陋的，这从所出土的殷周的钟磬、历代复古者所制的"乐悬"（即雅乐乐器的总名，天子之用称宫悬，诸侯轩悬，卿大夫判悬，士特悬）以及史籍中所记载者，即可知之。这种音乐，到西周时期已经发展到了顶点，这也是历代复古的儒家所向往及所欲恢复的标准。

到了春秋战国时期，由于社会生产力的进步、生活水平的提高，人民当然不能满足于这样一种原始的音乐了，故在当时音乐上就有了新的发展。在当时大概各国都有新兴的音乐，如《礼记·乐记》载魏文侯问乐于子夏，子夏对曰："郑音好滥淫志，宋音燕女溺志，卫音趋数烦志，齐音敖辟乔志……"当时各国的这些音乐，总谓之为"郑卫之音"或"郑声"。《论语》说"恶郑声之乱雅乐也"，又说"郑声淫"。所谓"淫"，大概系指其悠扬悦耳，易于感人，不若原始的雅乐之单调朴野而言。① 如《乐记》载："魏文侯问于子夏曰：吾端冕而听古乐，则唯恐卧；听郑卫之音，则不知倦。敢问古乐之如彼何也？新乐之如此何也？"这当然不难索解，以简单的乐器奏出简单的音调，与当时新兴的音乐相较，听之当然唯恐其卧了。

实际上，雅乐在春秋战国时期已经渐被淘汰，至秦汉时则已成了死的音乐。"秦始皇平天下，六代庙乐，唯《韶》《武》存焉……二世尤以郑、卫之音为娱。"② 汉初竟以"风起"之什，歌舞

---

① 《左传·昭公元年》："晋侯求医于秦，秦伯使医和视之。"医和譬以乐说："节之。先王之乐，所以节百事也，故有五节。迟速本末以相及，中声以降。五降之后，不容弹矣。于是有烦手淫声，慆堙心耳，乃忘平和，君子弗听也。"疏谓"烦手淫声，郑卫之曲也。"按"烦手淫声"，正谓其音乐之进步，能动荡心魂。

② 《史记·乐书》："治道亏缺而郑音兴起。封君世辟，名显邻州，争以相高。自仲尼不能与齐优遂容于鲁，虽退正queue以诱此，作五章以刺时，犹莫之化。陵迟以至六国，流沔沈佚，遂往不返，卒于丧身灭宗，并国于秦。"司马迁虽在慨叹雅乐的衰亡，但对雅乐没落的情况，写来是很生动的。

于宗庙，①而世世在大乐官、以雅乐世其家的制氏，对于雅乐亦仅"能记其铿锵鼓舞，而不能言其义"了。雅乐的衰亡自可想见。在当时亦有想恢复雅乐的，如《汉书·礼乐志》言："是时河间献王有雅材，亦以为治道非礼乐不成，因献所集雅乐。天子下大乐官，常存肄之，岁时以备数，然不常御，常御及郊庙皆非雅声。"② 是知在西汉时，虽有雅乐，亦不过用之"以备数"，而"不常御"，所常御及在郊庙所奏的，均非雅声。③封建天子在郊庙中尚如此，民间更可想见一斑了。

　　历来的封建统治者，往往借复古之名，来维持他们的封建特权，在音乐的发展上也不例外，也表现了这种新旧的斗争。欲恢复古代制度的儒家自孔子起，都反对新兴的音乐，斥之为"郑声"，为"乱世之音"，而尊他们所谓"先王之乐"的古代原始音乐为"雅乐"。自汉至隋，各代皆曾制作雅乐，大抵皆置而少用，所用者皆为"俗乐"。到隋文帝（杨坚）时始正式把"雅""俗"分开，《新唐书·礼乐志》说："自周陈以上，雅郑淆杂而无别，隋文帝始分雅俗二部。"唐初亦曾大创其"雅乐"，此时所作的雅乐，亦非完全的"先王"的原始音乐了，是"斟酌南北，考以古音"而作的。所以唐代的所谓雅乐之中，实羼杂有胡俗乐的部分。然这绝不能挽救雅乐的死亡，而唐代所恢复的雅乐的性质，可得而知的，如白居易诗自注说："太常选座部伎无性识者，退入立部伎，又选立部伎绝无性识者，退入雅乐部，则雅乐可知

---

① 《史记·乐书》："高祖过沛诗三侯之章，令小儿歌之。高祖崩，令沛得以四时歌儛宗庙。"按"风起"之诗为楚声，自非雅音。
② 按河间献王所集的雅乐，在当时亦曾试奏，但"自公卿大夫观听者，但闻铿锵，不晓其意"。故所谓雅乐，在西汉时已是"听者不知其为乐"了。
③ 《汉书·礼乐志》说："今汉郊庙诗歌，未有祖宗之事，八音调均，又不协于钟律。而内有掖庭材人，外有上林乐府，皆以郑声施于朝廷。"

矣。"①总之，雅乐是一种已死的音乐，是为一般所抛弃的音乐，人民不只不能欣赏，亦且不需要。所以《宋史·乐志》很悲愤地说："世号太常为雅乐，而未尝施于宴享，岂以正声为不美听哉！夫乐者，乐也，其道虽微妙难知，至于奏之而使人悦豫和平，则不待知音而后能也。今太常乐县钟、磬、埙、箎、搏拊之器，与夫舞缀羽、籥、干、戚之制，类皆仿古，逮振作之，则听者不知为乐而观者厌焉，古乐岂真若此哉！"当然，以"绝无性识"之人，奏极简单原始的乐器，自然是"听者不知为乐，而观者厌焉"了。而唐代的雅乐，亦是"太常雅乐备宫悬，九奏未终百寮惰"②。反动复古者为了维持他们的封建统治，一贯地想恢复古乐来与新兴的"俗乐"对抗，竟置历史的发展事实于不顾，这在宋代已有人指出。房庶说："上古世质，器与声朴，后世稍变焉。金石，钟磬也，后世易之为方响；丝竹，琴箫也，后世变之为筝笛。匏，笙也，攒之以斗；埙，土也，变而为瓯；革，麻料也，击而为鼓；木，柷敔也，贯之为板。此八音者，于世甚便，而不达者指庙乐镈钟、镈磬、宫轩为正声，而概谓夷部、卤部为淫声。殊不知大辂起于椎轮，龙艘生于落叶，其变则然也。古者食以俎豆，后世易以杯盂；簟席以为安，后世更以榻桉。使圣人复生，不能舍杯盂、榻桉，而复俎豆、簟席之质也。八音之器，岂异此哉！"③房庶此论，是与发展的观点相暗合的，而复古者，欲使历史停滞于原来的地位而不进，亦不过如螳臂当车而已。

唐代所制的所谓"十二和""雅乐"，大概亦"不常御"，因

---

① 白居易：《白氏长庆集》卷三，新乐府《立部伎》。元稹：《元氏长庆集》卷二十四《立部伎》注与此略同。
② 元稹：《元氏长庆集》卷二十四《立部伎》。
③ 《宋史·乐志》。

唐代自太宗而后，历高宗、武后、中宗、玄宗，均曾大制乐舞，其所制的乐舞，皆杂用龟兹乐。如《旧唐书·音乐志》所称为唐初三大乐舞的破阵乐、庆善乐和上元乐，除庆善乐用西凉乐外，其他皆杂用龟兹乐。《旧唐书·音乐志》说："自《破阵舞》以下，皆擂大鼓，杂以龟兹之乐，声振百里，动荡山谷。大定乐加金钲，惟庆善舞独用西凉乐，最为闲雅。"这些乐舞在初唐不仅是平常宴享的乐舞，而亦用"以享郊庙"。如《旧唐书·音乐志》又说："破阵、上元、庆善三舞，皆易其衣冠，合之钟磬，以享郊庙。以破阵为武舞，谓之七德；庆善为文舞，谓之九功。"①由此可见唐代所制的"雅乐"，想不过亦以之"备数"而已。

至于清乐，则系自汉以来所创造的新声，其源大概出于春秋战国时期的各国的音乐，至西汉时才加以综合创造。《汉书·礼乐志》说："乃（谓武帝刘彻）立乐府，采诗夜诵，有赵、代、秦、楚之讴。"又卷九十三《李延年传》说："延年善歌，为新变声。是时，上方兴天地诸祠，欲造乐，令司马相如等作诗颂，延年辄承意弦歌所造诗，谓之新声曲。"由此可知西汉时所造的音乐，是根据原有音乐及采当时各地流行的音乐（其中抑或杂有外来音乐）而成的，故《隋书·音乐志》说："武帝裁音律之响，定郊丘之祭，颇杂讴谣，非全雅什。"汉代的音乐虽曾留下一些曲名，但因文献不足，不能知其详。最近山东沂南出土的汉魏时期的画像石，其上刻有相当复杂的乐队，但是为杂技伴奏的音乐，亦即后来所称的散乐，似不能由之窥见汉代音乐的全貌。②

---

① 以上的乐舞，在唐代亦称为雅乐，见仪凤二年太常少卿韦万石及刊正乐官等所奏。可参看《通典》（卷一百四十七）及《唐会要》。
② 《考古通讯》第2期，图版一、三。四川东汉时期的画像砖中，亦有少数乐队的图像，皆为杂技伴奏的音乐和"马上乐"，亦即所谓"骑吹"，不是汉代音乐的主要部分。

自西汉而后以讫魏晋，历代均有制作，但皆因袭汉乐，略变新声。而清商之名，亦起于魏晋之际，其源则出于汉魏的相和曲。宋代郭茂倩《乐府诗集》卷二十六《论相和歌辞一》说："《宋书·乐志》曰：'相和，汉旧曲也，丝竹更相和，执节者歌。本一部，魏明帝分为二，更递夜宿。本十七曲，朱生、宋识、列和等复和之为十三曲。'其后晋荀勖又采旧辞施用于世，谓之清商三调歌诗，即沈约所谓因弦管金石造歌以被之也。《唐书·乐志》曰：'平调、清调、瑟调皆周房中曲之遗声，汉世谓之三调。又有楚调、侧调。楚调者，汉房中乐也。高帝乐楚声，故房中乐皆楚声也。侧调者，生于楚调，与前三调总谓之相和调。'《晋书·乐志》曰：'凡乐章古辞存者，并汉世街陌讴谣，《江南可采莲》《乌生十五子》《白头吟》之属。'其后渐被于弦管，即相和诸曲是也。魏晋之世，相承用之。承嘉之乱，五都沦覆，中朝旧音，散落江左。后魏孝文宣武，用师淮汉，收其所获南音，谓之清商乐，相和诸曲，亦皆在焉，所谓清商正声，相和五调伎也。"由此可见"相和"与"清商"不过是命名的不同，以秦法言，即是"相和"，以调的情质言，即是"清商"（以清商概括其他二调），所以二者实是互相包括的。

　　《魏书·乐志》说："初，高祖讨淮、汉，世祖定寿春，收其声伎。江左所传中原旧曲，《明君》《圣主》《公莫》《白鸠》之属，及江南吴歌，荆楚四声，总谓"清商"。至于殿庭享宴兼奏之。"《通典》卷一百四十六说："清乐者，其始即清商三调是也，并汉世以来旧曲。乐器形制，并歌章古调，与魏三祖所作者，皆备于史籍。属晋朝迁播，夷羯窃据，其音分散。苻永固平张氏于凉州得之。宋武平关中，因而入南，不复存于内地。"《乐府诗集》（卷四十四）论清乐的原委更为详尽："清商乐，一曰清乐。清乐者，九代之遗声。其始即相和三调是也，并汉魏以来旧曲。其辞皆古调及魏三祖所作。自晋朝播迁，其音分散，苻坚灭凉得之，传于前后二秦。及宋武定关中，因而入南，不复存于内地。自时以后，南朝文物号为最盛。民谣国俗，亦世有新声。王僧虔论三调歌曰：'今之清商，实由铜雀；魏氏三祖，风流可怀；京洛相高，江左弥重；而情变听改，稍复零落；十数年间，亡者将半；所以追余操而长怀，抚遗器而太息者矣！'后魏孝文讨淮汉，宣武定寿春，收其声伎，得江左所传中原旧曲，《明君》《圣主》《公莫》《白鸠》之属，及江南吴歌、荆楚四声，总谓之清商乐。至于殿庭飨宴，则兼奏之。遭梁、陈亡乱，存者盖寡。及隋平陈得之，文帝善其节奏，曰：'此华夏正声也。'乃微更损益，去其哀怨，考而补之，以新定律吕，更造乐器。因于太常置清商署以管之，谓之'清乐'。开皇初，始置七部乐，清商伎其一也。大业中，炀帝乃定清乐、西凉等为九部。"将上面所引各段合而观之，清乐在隋以前的演变，是很明白的。它是中国自秦汉以来一脉相承的旧乐，自东晋以后，主要流行于南方，而加入了当时南方的音乐，所谓"吴声""楚讴"，是当时南方人民喜爱的一种音乐。

清乐的乐器，据《通典》（卷一百四十六）所载有："钟一架，磬一架，琴一，一弦琴一①，瑟一，秦琵琶一，卧箜篌一，筑一，筝一，节鼓一，笙二，笛二，箫二，篪二，叶一，歌二。"以乐器论，钟、磬、琴、瑟、笙、笛、箫、篪等，皆中国原有的乐器。秦琵琶、卧箜篌、筑和筝，则为汉代所发展的。秦琵琶（即秦汉子，与燕乐的胡琵琶有别）与箜篌，始或为受外来乐器的影

---

① 据《旧唐书·音乐志》，"一弦琴一"当为"三弦琴一"，其下当有"击琴一"三字。

响所创制的。叶则纯为南方的乐器。清乐的乐队在乐器上，自以笙、笛、箫、篪为主，故其数亦各二。清凌廷堪《燕乐考原》（卷一）说："今之南曲，清乐之遗声也。清乐，梁、陈南朝之乐，故相沿谓之南曲。"亦不为无因了。又自清乐的乐器完全缺乏鼓及其他响亮的乐器来看①，其音调自是很缓慢靡弱的，所以杜佑说它"从容雅缓，犹有古士君子之遗风，他乐则莫与为比"。

清乐的乐器最接近于中国原有的音乐，故在隋唐时亦有称其为雅乐的。其实它亦是俗乐，与一般复古者称之为"先王之乐"的雅乐大有区别。不过到了隋唐时期，清乐已届没落，因其声靡弱，唐人不重，故自长安以后，纯粹的清乐逐渐亡佚。

燕乐系北朝的音乐。当时入据中原的外族不能欣赏中国的音乐，所以他们虽获得了中国的乐器及工伎，亦置而不用。《旧唐书·音乐志》说："元魏、宇文，代雄朔漠，地不传于清乐，人各习其旧风。虽得两京工胥，亦置四厢金奏，殊非人耳之玩，空有作乐之名。"他们所喜爱的音乐，是由龟兹乐转变而来的西凉乐，在周魏之时称为"国伎"。《隋书·音乐志》说："《西凉》者，起苻氏之末，吕光、沮渠蒙逊等，据有凉州，变龟兹声为之，号为秦汉伎。魏太武既平河西得之，谓之《西凉乐》。至魏、周之际，遂谓之《国伎》。"这种音乐及龟兹乐自魏至隋而流行更甚。论龟兹乐又说："《龟兹》者，起自吕光灭龟兹，因得其声。吕氏亡，其乐分散，后魏平中原，复获之，其声后多变易。至隋有西国龟兹、齐朝龟兹、土龟兹等，凡三部。开皇中，其器大盛于闾闬，时有曹

---

① 清乐乐器中的"节鼓"，并非如胡乐中的鼓，它等于雅乐中的柷敔、胡乐中的拍板，是一种节乐的乐器。《文献通考》（卷一百三十六）说："节鼓不详所造，盖拊与相二之变也。江左清乐有节鼓，状如弈局，朱髹画其上。中间圆窍适容鼓焉，击之以节乐也。自唐以来，雅乐声歌用之。"故节鼓不能与其他的鼓相提并论。

妙达、王长通、李士衡、郭金乐、安进贵等,皆妙绝弦管,新声奇变,朝改暮易,持其音技,佑炫公王之间,举时争相慕尚。"

西凉乐源出龟兹乐,是在凉州华乐化了的音乐。故《旧唐书·音乐志》言:"其乐(西凉乐)具有钟磬,盖凉人所传中国旧乐,而杂羌胡之声也。魏世共隋咸重之。"其乐以琵琶为主而众乐随之。《新唐书·礼乐志》言其乐器说:"丝有琵琶、五弦(亦琵琶之一种)、箜篌、筝,竹有觱篥、箫、笛,匏有笙,革有杖鼓、第二鼓、第三鼓、腰鼓、大鼓,土则附革而为鞚,木有拍板、方响,以体金应石,而备八音。"① 以其乐队的组织而言,琵琶为众乐之准,而主要佐以鼓及觱篥。观其乐队之中,鼓即有五种之多,而觱篥声音嘹亮清越,可想见其声音之洪壮了。这是深合于北方人民的性格。在隋以前,这种音乐被称为"国伎",或称"西凉伎"及"秦汉伎"。至唐初张文收又据之以作宴乐,《通典》(卷一百四十六)说:"贞观中,景云见,河水清,协律郎张文收采古《朱雁》《天马》之义,制《景云河清歌》,名曰宴乐,奏之管弦,为诸乐之首……乐用玉磬一架,大方响一架,拊筝一,筑一,卧箜篌一,大箜篌一,小箜篌一,大琵琶一,小琵琶一,大五弦琵琶一,小五弦琵琶一,吹叶一,大笙一,小笙一,大竽篥一,小竽篥一,大箫一,小箫一,正铜钹一,和铜钹一,长笛一,尺八一,短笛一,揩鼓一,建鼓一,鞉鼓一,桴鼓二,歌二。"唐代燕乐之名,实仿于此。② 自张文收所造燕乐的乐器上言,是混合当时

---

① 《新唐书》不过总括言之,《旧唐书·音乐志》记其乐器更详。计有:钟一架、磬一架、弹筝一、拊筝一、卧箜篌一、竖箜篌一、琵琶一、五弦琵琶一、笙一、箫一、竽篥一、小竽篥一、笛一、横笛一、腰鼓一、齐鼓一、檐鼓一、铜钹一、贝一。

② 以前所谓燕乐,系谓"房内之乐",《隋书·音乐志》引:"郑玄曰,燕乐,房内乐也,所谓阴声,金石备矣。"与唐代燕乐的含义不同。

南北和中外的乐器而成的，在当时确是一种新的综合及创作。但自其性质上言，仍是北朝的音乐。故凌廷堪《燕乐考原》（卷一）说："此宴乐也，皆北朝之乐。"

亦有将隋唐时所有在宴享时所奏的音乐称为燕乐者。如日本人林谦三说："燕乐是燕享时所用的音乐，不问是胡是俗，凡隋高祖之七部乐，炀帝之九部乐，唐之九部乐（后为十部乐）及坐立部伎等，皆可称为燕乐。燕乐诸调可大别为清乐（一名清商）、胡乐、俗乐三种，就中除清乐而外，胡俗二调几乎是一体。在唐时可以说并没有区别。"① 这是把燕乐的含义加以扩大，除雅乐外包括一切宴享时所奏之乐，其中也包括各种纯粹的胡乐。这样的用法，是比较混乱的。我们应以唐宋人所谓"合胡部者为燕乐"为准，亦可谓为华乐化的胡乐（主要的是龟兹乐），因为它已不完全是胡乐，而是经过中国乐人的融会和创造，其中包括唐代所自造的大小诸乐舞，故《通典》将自周隋承袭下来的乐舞及唐代自造的乐舞，均列入坐立部伎（即燕乐）② 内，而与清乐及四方乐（即纯粹的胡部）③ 对立。唐人对于燕乐的性质，于此即可知了。

龟兹乐自周齐以至隋唐间，对中国音乐的影响是很大的，西凉乐（国伎）当然是龟兹乐的变声，而唐人所造的诸乐舞，除极少数外，几乎全本于龟兹乐。《旧唐书·音乐志》说："自破阵舞以下……杂以龟兹之乐……惟庆善舞独用西凉乐。"又说："自长寿乐以下皆用龟兹乐，舞人皆着靴，惟龙池备用雅乐，而无钟磬，

---

① 林谦三：《唐代燕乐调研究》，第3页。
② 唐人对于其自创的诸乐舞，均不自称为燕乐，张文收所造的自称宴乐者除外，故杜佑在《通典》中不立"燕乐"一类，皆隶于"坐立部伎"之下，可参看《通典》卷一百四十六。燕乐乃宋以后人的类别。
③ 《通典》的"四方乐"内包括隋文帝七部乐、炀帝九部乐及唐初十部乐中的各胡部。参看《通典》卷一百四十六。

舞人蹑履。"前已言之,西凉乐是华乐化了的龟兹乐,而此处所谓雅乐,亦即是清乐而杂胡乐成分者,观其无钟磬可知。林谦三也说:"隋唐代的龟兹乐之优越,致其所使用之乐调成为二代俗乐调之基础,而于唐代则俗乐中最为重要的坐立部伎也有龟兹乐参与着。"① 不只唐代的燕乐调主要是龟兹乐调,而乐器亦是如此。

以上是唐代雅乐、清乐及燕乐的一般情况。雅乐早已是一种死的音乐,隋时虽欲加以恢复而未能成功,唐时虽欲吸收胡俗乐成分而加以恢复,但因其乐器过于原始,音调过于简单,仍回天乏术。清乐是自战国以后源于雅乐而发展的一种新乐,经过汉魏及南朝,它有长足的发展。自隋灭陈清乐再入中原后,因其音调缓慢靡弱,不合乎当时新兴北方人民的活泼口味,故逐渐归于消亡。终唐之世,由龟兹乐转变而来的燕乐,始终占着优越的地位。清乐发展了约千年之久,到了唐代已达到了垂死的阶段,若要继续存在,则必须吸收新的成分而加以改变,这一变革自清乐重入中原时即已开始,后来发展成为唐人的法曲和道调,而尤以法曲为最重要。法曲即清乐中羼入了燕乐成分的音乐,但仍是清乐。

《新唐书·礼乐志》说:"初,隋有法曲,其音清而近雅。其器有铙、钹、钟、磬、幢箫、琵琶。琵琶圆体修颈而小,号曰'秦汉子',盖弦鼗之遗制,出于胡中,传为秦、汉所作。其声金、石、丝、竹以次作。隋炀帝厌其声澹,曲终复加解音。玄宗既知音律,又酷爱法曲,选坐部伎子弟三百人教于梨园,声有误者,帝必觉而正之,号'皇帝梨园弟子'。宫女数百,亦为梨园弟子,居宜春北院。"《礼乐志》又说:"文宗好雅乐,诏太常卿冯定采开元雅乐制《云韶法曲》及《霓裳羽衣舞曲》。《云韶乐》有玉磬四

---

① 林谦三:《唐代燕乐调研究》,第145页。

虞、琴、瑟、筑、箫、篪、籥、跋膝、笙、竽皆一，登歌四人，分立堂上下，童子五人，绣衣执金莲花以导，舞者三百人。阶下设锦筵，遇内宴乃奏。……乐成，改法曲为仙韶曲。"《唐会要》（卷三十二）说："文宗开成三年，改法曲为仙韶曲。按法曲起于唐，谓之法部。其曲之妙者，有《破阵乐》《一戎大定乐》《成长乐》《赤白桃李花》，余曲有《堂堂》《望瀛》《霓裳羽衣》《献仙香》《献天花》之类，总名法曲。"

清乐的变革，大概开始于隋代，其后经过唐人的创造遂胡俗乐化而变为法曲。《堂堂》固属旧清乐曲而改编的，《破阵》《大定》则系用清乐来演奏新声的，而《霓裳羽衣》《献仙香》《献天花》等则系唐人新的创作。① 从法曲的乐器看，它确是属于清乐系统，这从当时的记载中亦可看出。元稹的《和李校书新题乐府十二首·法曲》云："……明皇度曲多新态，宛转浸淫易沉着；赤白桃李取花名，霓裳羽衣号天落；雅弄虽云已变乱，夷音未得相参错……"又白居易《法曲歌》："法曲法曲歌大定，积德重熙有余庆，永徽之人舞而咏。法曲法曲舞霓裳，政和世理音洋洋，开元之人乐且康。法曲法曲歌堂堂，堂堂之庆垂无疆，中宗肃宗复鸿业，唐祚中兴万万叶。法曲法曲合夷歌，夷声邪乱华声和，以乱干和天宝末，明年胡尘犯宫阙。乃知法曲本华风，苟能审音与政通……"这里所谓"雅弄""华声"或"华风"，都系指法曲是中国的原有音乐。当时"士大夫"均以清乐为"华夏正声"，而欲保持其纯粹。但当时清乐已不可复见，所行者唯法曲，故以法曲为"华声"。观乎白居易《法曲歌》自注说："法曲虽似失雅音，盖

---

① 这些乐曲，大概均是胡俗乐曲而清乐化的。例如《霓裳羽衣》即是天竺乐曲（原名婆罗门曲）经过加工改制的。参见沈括撰、胡道静校注：《梦溪笔谈校证》上册，第235—245页。

诸夏之声也，故历朝行焉。"法曲系属清乐系统，更为明白。

在唐代有所谓"道调"者，因唐室帝王自以为系老子之后，故崇祀道教。"道调"则系祀老子及道教宗教上所用的音乐，亦隐有与佛教音乐相对抗的意思。《新唐书·礼乐志》说："高宗自以李氏老子之后也，于是命乐工制道调。"玄宗晚年慕神仙之事，又大作道曲。《新唐书·礼乐志》说："帝（玄宗）方浸喜神仙之事，诏道士司马承祯制《玄真道曲》，茅山道士李会元制《大罗天曲》，工部侍郎贺知章制《紫清上圣道曲》。太清宫成，太常卿韦绦制《景云》《九真》《紫极》《小长寿》《承天》《顺天乐》六曲，又制商调《君臣相遇乐》曲。"

道调的乐器组成，《旧唐书·音乐志》及《新唐书·礼乐志》均不载，《通典》及《文献通考》亦均不言道调，想道调系一种宗教上的音乐，于一般的音乐影响不大，从《唐会要》所载诸乐曲的关系言之，大概亦系"承清乐之流而终至胡俗乐化者"①。

总的来说，隋唐以前中国北朝的音乐，可以说是中国乐化的胡乐；而南朝的音乐，可以称之为胡俗乐化的中国乐。在唐代这两派音乐的进一步相互影响下，便产生出由北朝乐所发展的"燕乐"，及由清乐发展出来的"法曲"。这两派的音乐在乐器上及奏法上虽有很大的混合，但在声律上尚保持各自的特点。但是这种局面是不能长久的，是终究要融合的。

唐代音乐在玄宗时，又进入了一大变革及创造时期。因玄宗本人精于音律，对音乐特为提倡，故当时音乐特盛，且广被于民间。最后在天宝十三载遂有"道调、法曲与胡部新声合作"② 之

---

① 林谦三：《隋唐燕乐调研究》，第65页。
② 《新唐书·礼乐志》。

诏,这在当时音乐的发展上自属不可避免的趋势,而保守者却加以惋惜。沈括《梦溪笔谈》(卷五)说:"外国之乐,前世自别为四夷乐。自唐天宝十三载,始诏法曲与胡部合奏,自此乐奏全失古法。以先王之乐为雅乐,前世新声为清乐,合胡部者为宴乐。"凌廷堪更推衍之说:"唐之俗乐有二:一曰清乐,即魏晋以来之清商三调也。三调者,清调也,平调也,侧调也,龟兹乐入中国前,梁陈之俗乐如此。姜尧章云:'琴七弦加变宫、变徵为散声者曰侧弄。'是清乐之侧调用二变者也。又云:'具宫、商、角、徵、羽者为正弄。'是清乐之清调、平调不用二变者也。荀勖之正声、下徵、清角,亦只三调也。一曰宴乐,即苏只婆琵琶之四均二十八调也,龟兹乐既入中国以后,周齐之俗乐如此。姜尧章所度之曲,遗谱尚存,无不用二变者,是宴乐二十八调皆用二变也。自是而后,清乐之侧调,亦杂入宴乐,而不可复识矣。"实际上这种混合并不开始于天宝年间,而在隋唐之际即已开始,至天宝时始正式完全混合而已。这当然是一种更高级的发展,且为唐以后中国音乐的发展奠定了基础。

现在我们在描述了唐代音乐的大概情况以后,关于唐代"立坐部伎"的问题亦须交代一下,因为它与王建墓内的伎乐亦有一些关系。

唐代把乐舞分为立坐二部,不知起于何时。《旧唐书·音乐志》说:"高祖(李渊)登极之后,享宴因隋旧制,用九部之乐,其后分为立坐二部。"而未言分于何时。《通典》亦只言立坐二部。《文献通考》(卷一百四十六)始言:"元宗时,分乐为二部,堂下立奏,谓之立部伎;堂上坐奏,谓之坐部伎。"① 不过据《通

---

① 《新唐书·礼乐志》亦言玄宗"又分乐为二部,堂下立奏者谓之立部伎,堂上坐奏者谓之坐部伎……"

典》（卷一百四十七），高宗仪凤二年太常少卿韦万石与刊正东官等奏内已有立部伎之名。① 大概坐立部伎之名，起于高宗或高宗以前，其初不过以其所奏的部位分之，没有等级贵贱之分，至玄宗时始将其正式分开而别为等。如《新唐书》《旧唐书》及《通典》所载的立部伎八部②、坐部伎六部③，皆系自太宗以至玄宗时所造的诸乐舞，于此则自可知了。

玄宗不只把立坐二部正式分开，还把"俗乐"自太常划分出来，由他亲自教练。他"以太常礼乐之司，不应典倡优杂技，乃更置左右教坊，以教俗乐。命右骁卫将军范及为之使。又选乐工数百人，自教法曲于梨园，谓之'皇帝梨园弟子'；又教宫女使习之。选伎女置宜春院，给赐其家"④。皇帝的梨园弟子也属于坐部伎，这在唐代当然是一种新制度。

立部伎所奏者为一种豪放的音乐，坐部伎所奏者为一种比较精致复杂的音乐，所以演变到了后来，立部贱而坐部贵，这当然与李隆基亲自所教的梨园弟子也不无关系。白居易的新乐府诗《立部伎》说："太常部伎有等级，堂上者坐堂下立。堂上坐部笙歌清，堂下立部鼓笛鸣。笙歌一声众侧耳，鼓笛万曲无人听。立

---

① 《唐会要》（卷三十三）载："神龙二年八月，敕立部伎舞人，以后并不得改补入诸色役。"此亦在玄宗之前。

② 立部伎的八部：（1）《安乐》，后周武帝平齐所作，当时谓之城舞；（2）《太平乐》，一名五方狮子舞，其舞有如现代的舞狮子，大概原出于龟兹，经西凉转变而来的（参见白居易：《新乐府西凉伎》）；（3）《破阵乐》，太宗所作；（4）《庆善乐》，太宗所造；（5）《大定乐》，出自《破阵乐》，高宗所造；（6）《上元乐》，高宗所造；（7）《圣寿乐》，武后所造；（8）《光圣乐》，玄宗所造。

③ 坐部伎的六部：（1）《燕乐》，张文收所造。其中又分四部：《景云乐》《庆善乐》《破阵乐》《承天乐》；（2）《长寿乐》，武后所造；（3）《天授乐》，武后所造；（4）《鸟歌万岁乐》，武后所造；（5）《龙池乐》，玄宗所造；（6）《破阵乐》，玄宗所作。

④ 见《通考》卷一百四十六。

部贱，坐部贵，坐部退为立部伎，击鼓吹笙和杂戏。立部又退何所任？始就乐悬操雅音……"白居易的这首乐府，本来系为慨叹雅乐的没落而作的，① 但它将当时各种音乐的情况说得很清楚。在白居易之时，立部伎直等于散乐"击鼓吹笙和杂戏"了。《新唐书·礼乐志》也说："太常阅坐部，不可教者隶立部，又不可教者，乃习雅乐。"立坐部之分，亦可看出唐人对音乐欣赏的转变。立部伎中的乐舞，均为比较粗豪宏壮及胡乐成分较重的乐舞，而坐部伎中的乐舞，则系比较悠扬及华乐化程度较高的乐舞，特别是当时"梨园"所奏的乐舞。这在音乐的欣赏上当然是一种提高，从前"声振百里，动荡山谷"、震耳欲聋的音乐，已不是此时欣赏的对象了。

王建墓内所刻的伎乐（图三〇），自其演奏的情况看，自系属于坐部伎一类。

王建墓内的伎乐，系刻在中室棺座东、南、西三面。棺座长7.45米，宽3.35米，高0.84米。座作须弥式，上铺白大理石一层。上檐刻龙戏珠，皆着色贴金。檐下刻仰瓣宝莲花。座脚刻覆瓣宝莲花，原亦皆着色。座身雕壸门，东西各十，南面四。伎乐即刻在壸门内，均作深肉雕。使乐头饰及服装，原皆着色贴金，初出土时尚十分明显。

南面为正面，正中刻舞伎二人，相对而舞。东首刻奏琵琶伎，西首刻击板伎。此两伎似为乐队的领队，故刻于正面，其衣饰亦略与其他各伎不同。兹将各伎所奏的乐器略做说明：

奏琵琶伎刻于棺座正面东首，服装与西首执板伎同，与其他各乐伎异。髻上戴金凤，肩着帔巾，在众伎中显然是一领队。其

---

① 《白氏长庆集》卷三："立部伎，刺雅乐之替也。"

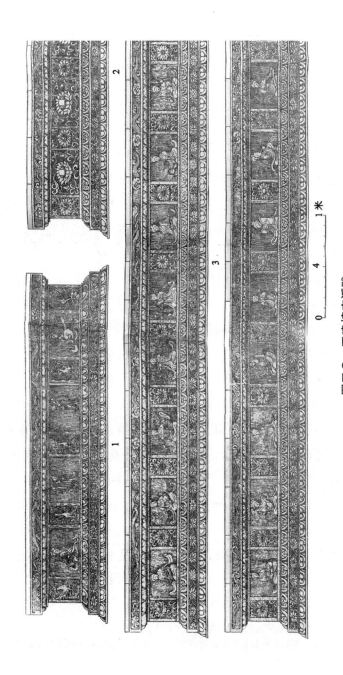

图三〇 王建棺座浮雕
1. 南面 2. 北面 3. 东面 4. 西面

所奏的琵琶为燕乐的琵琶，亦即胡琵琶，与清乐的琵琶不同。清乐的琵琶亦名秦琵琶，或称秦汉子，传为秦汉时所作。其制"圆体修颈而短"，四弦十二柱，所谓"弦鼗之遗制"者。这里所刻的琵琶，体大而椭圆，所谓"充上锐下"者，曲颈、四轸，可知其为四弦。刻柱的地区已脱落，不知其是否是四柱，不过这种琵琶以四弦四柱为最普通的形式。"这种琵琶发祥于西亚细亚地区，是波斯、印度、中央亚细亚诸地方的最主要的乐器之一，隋唐时胡乐中天竺、龟兹、疏勒诸乐没有不使用这种琵琶的。"① 云岗、龙门、麦积等石窟中唐代石刻佛座上所刻的伎乐天，以及敦煌唐代壁画中所画的伎乐天所奏的琵琶，大都是此种琵琶。

琵琶用手扪，相传起于唐代。《旧唐书·音乐志》说："案旧琵琶皆用木拨弹之，太宗贞观中始有手弹之法，今所谓扪琵琶者是也。《风俗通》所谓以手琵琶之，乃非用拨之义，岂上世固有扪之者耶？"杜佑《通典》（卷一百四十四）推唐以前已有手扪之法，但未有明证。或者，秦汉子原系以手扪，而不用拨，故《风俗通》有"以手琵琶之，因以为名"之言，而《释名》亦有"推手前曰琵，引手却曰琶"之说，皆非用拨之意。如麦积山"麦察127号窟"魏石刻佛像头光上之伎乐天，有一位所奏者为秦汉子，正用手扪而不用拨。② 此其证。大概中国的秦琵琶原系用手扪，周隋时传入中国的龟兹乐的胡琵琶，原系用拨。入中国后，在唐初有用中国的手扪法弹胡琵琶的，这在奏法上当然是一种改进。前人不察，不能分别秦琵琶与胡琵琶，所以连它们的弹法也混淆起来了。一方面说手扪起于唐，一方面又说前代已有手扪，而不能

---

① 林谦三：《隋唐燕乐调研究》，第110页。
② 见中国社会文化事业管理局：《麦积山石窟》，中央人民政府文化部社会文化事业管理局，1954年，图版一〇二。

自决。

今观此雕刻上仍用拨，其形甚大，可以想见其制度。

竖箜篌系一种外来乐器，唐代的胡俗乐中无不用之。《旧唐书·音乐志》说："竖箜篌，胡乐也。汉灵帝好之。体曲而长，二十有二弦，竖抱于怀，用两手齐奏，俗谓之擘箜篌。"所记正与此合。按此处箜篌的弦并未刻出，想原来系用颜色画上的，但不知是否是二十二弦。

筝乃清乐的乐器，其制似瑟而小，十有二弦，其始盖在秦汉之际。《通典》（卷一百四十四）说："筝，秦声也。傅元《筝赋》序曰：代以为蒙恬所造，今观其器，上崇似天，下平似地，中空准六合，弦柱拟十二月；设之则四象在，鼓之则五音发，斯乃仁智之器，岂蒙恬亡国之臣能关思哉！"所谓蒙恬所造，大概系受外来乐器的影响而创造的。据《通典》及《旧唐书》，皆言清乐的筝十二弦，他乐皆十三弦。

觱篥是唐代胡俗乐中的主要乐器之一，又名悲篥、笳管。后来有头管、风管等名。其制略似近代的唢呐，但无下部的喇叭头部分。《通典》（卷一百四十四）说："筚篥本名悲篥，出于胡中，其声悲。或云儒者相传，胡人吹角以惊马。后乃以笳为首，竹为管。"《通考》（卷一百三十八）引陈氏《乐书》说："觱篥一名悲篥，一名笳管，羌胡龟兹之乐也。以竹为管，以芦为首，状若胡笳而九窍，所法者角音而甚悲篥，胡人吹之，以惊中国马焉……后世乐家者流，以其旋宫转器，以应律管，因谱其音，为众器之首，至今鼓吹教坊用之，以为头管。是进夷狄之音，加之中国雅乐之上，不几于以夷乱华乎？降之雅乐之下，作之国门之外可也。宋朝元会，乘舆行幸，并进之，以冠雅乐，非先王下管之制也。然其大者九窍，以觱篥名之。小者六窍，以风管名之。六窍者犹不失乎中声，而九窍者其失盖与太平管同矣。"自此雕刻所按指数观之，为六窍者。不过共拇指所按之处，是否还有窍，则不得而知。""东五"所奏者略长，当为大觱篥；"西四"所奏者略短，当为小觱篥。

笛是清乐中的主要乐器之一。此处所刻之笛，与现在所用者无异。历代论笛者甚多，此处不赘。

篪——管上有横出之小嘴，以口衔之而吹。《旧唐书·音乐志》说："篪，吹孔有嘴如酸枣。"《通典》卷一百四十四说："篪，以竹为之，长尺四寸，围三寸，一孔，上出寸三分，名曰翘，横吹之。"又有所谓义嘴笛者，亦加嘴，大概出于胡吹，故亦称胡篪。此处之篪，乃清乐的篪，不可与胡乐的横笛一概而论。

"西七"女所奏的乐器为笙，但乐器与手的部分已经剥落，无由得知其详。但自其存留部分形状及奏者的姿势来看，大概知其为笙而已。笙在唐代的清乐中是主要乐器之一，在燕乐、胡乐中如龟兹、高昌、高丽乐中亦均有笙。胡乐中的笙与清乐中的笙，是否有所不同，现在尚不得而知。

箫虽为中国原有的器乐，但各种胡乐中均有之。箫的变化甚大，管的数目亦各不同，多者二十余管，少者亦十六管。大概管的多少本无定制，各人得因时制宜，随意增减。据《通考》，宴乐箫二十一管，清乐箫十七管，均与此处所刻的箫不合。唯《通典》卷一百四十四引《世本》说："箫，世本曰：'舜所造。'其形参差，象凤翼，十管，长二尺。"而《通考》卷一百三十八言韶箫说："韶箫，舜作十管韶箫，长尺有二寸，其形参差，象凤翼，所以应十二之数，声所由生也。"舜作韶箫，自系依托，但其制亦似与此不同。或晚唐俗乐中的箫，有如此处所刻的十管亦未可知。

正鼓与和鼓均系腰鼓，亦为胡鼓。正鼓系一种杖鼓而兼拍鼓，所谓"右击以杖，左拍以手"者，"东一"的正鼓正是如此。和鼓则全为拍鼓。《通典》（卷一百四十四）论正鼓、和鼓的用途说："正鼓、和鼓者，一以正，一以和，皆腰鼓也。"又《通考》（卷一百三十六）论腰鼓说："唐有正鼓、和鼓之别，后周有三等之制。右击以杖，左拍以手，后世谓之杖鼓、拍鼓，亦谓之魏鼓。每奏大曲入破时，与羯鼓、大鼓同震作，其声和壮而有节也。"

毛员鼓亦为一种腰鼓，在唐代的胡乐部中唯龟兹乐中有之。其制"似都昙鼓而稍大"，而都昙鼓则"似腰鼓而稍小"。不过都昙鼓系杖鼓，而毛员鼓则系拍鼓。

这是一种杖鼓，暂定为齐鼓。《文献通考》卷一百三十六说："齐鼓，状如漆桶，一头差大，设齐于鼓，面如麝脐然，西凉、高丽之器也。"又说："《大周正乐》所传齐鼓，其形状虽不甚相远，其设饰不同。两头贯以绶带。"《通典》及《旧唐书·音乐志》所言与此略同。齐鼓只高丽及西凉乐中有之，其在乐队中的用法不甚明。

答腊鼓系一种指鼓，唐南卓《羯鼓录》说："答腊鼓即指鼓也。"其制"广羯鼓而短，以指指之，其声甚震，俗谓揩鼓"。《通考》（卷一百三十六）说："答腊鼓，龟兹、疏勒之器也。其制如羯鼓，抑又广而短，以指指之，其声甚震，亦谓之鞳鼓也。后世教坊奏龟兹曲用焉。"

鼗牢原是龟兹部的乐器，《文献通考》（卷一百三十六）说："鼗牢，龟兹部乐也。形如路鼗，而一柄叠三枚焉。古人尝谓左手播鼗牢。右手击鸡娄鼓是也。"鼗的用法，《通考》引陈氏《乐书》说："鼓以节之，鼗以兆之，作乐之道也。"大概作乐之时先鼗以兆之。鼗牢的每一小鼓上系两耳，还而自击，故鼗牢称播而不称击。鼗牢必与鸡娄鼓由一人同奏。《文献通考》说："后世教坊奏龟兹曲用鸡娄鼓,左手持鼗牢,腋挟此鼓,右手击之,以为节焉。其形如甕,腰有环,以绶带系于腋下。"

鸡娄鼓的形制,《通典》(卷一百四十四)说:"鸡楼鼓,正圆,而首尾可击之处平可数寸。"《文献通考》亦说:"鸡娄鼓,其形正而圆,首尾所击之处,平可数寸。龟兹、疏勒、高昌之器也。"由此雕刻上看,鸡娄鼓亦为一种杖鼓。

羯鼓是唐代胡乐部中及燕乐中的重要乐器之一,因其用两杖并击,故又称两杖鼓。唐玄宗尤爱之,以为八音之领袖。《羯鼓录》论羯鼓之制甚详,今录于后:"羯鼓出外夷,以戎羯之鼓,故曰羯鼓。其音主太簇一均,龟兹部、高昌部、疏勒部、天竺部皆用之。次在都昙鼓、答腊鼓之下,鸡娄鼓之上。鐆如漆桶,下以小牙床承之。击用两杖,其声焦杀鸣烈,尤宜促曲急破,作战杖连碎之声,又宜高楼晚景,明月清风,破空透远,特异众乐。杖用黄檀、狗骨、花楸等木,须至干紧绝湿气,而复柔腻。干取发越响亮,腻取战裊健举。棬用刚铁,铁当精炼,棬当至匀。若不刚、即应缘高下挡捩不停,不匀,即鼓面缓急,若琴徽之欹病矣。"

钹为和乐之器,为胡乐部中重要的金属乐器之一。《通典》(卷一百四十四)说:"铜钹,亦谓之铜盘,出西戎及南蛮。其圆数寸,隐起如浮沤,贯之以韦,相击以和乐也。南蛮国大者圆数尺,或谓齐穆士素所造。"《文献通考》(卷一百三十四)说:"唐之燕乐清曲有铜钹相和之乐,今浮屠氏清曲用之,盖出于夷音也。"同时又说:"唐胡部合诸乐,击小铜钹子。合曲,西凉部、天竺部、龟兹部、安国、康国,亦用之。"可知钹在唐代诸乐中的普遍应用。但有正和之分,正大而和小。此处所用者,自其形制看,大概为正钹。

吹叶是清乐中的乐器,亦是中国南方的一种乐器,唐人的记载中亦时或言之,如白居易《杨柳枝》词有"卷叶吹为玉笛声"之句。《通典》(卷一百四十四)以为系八音之外的乐器:"叶,衔叶而啸,其声清震,橘叶尤善。或云卷芦叶为之,形如箎首也。"啸叶之制,唐以后不传,自此女伎所奏之姿势推之,大概系将叶夹于两片小薄板之中,中有缝隙,使气激之能弹动以发声。奏时衔于口中,以右手食指和中指按唇而啸。叶易坏,故左手中尚持有数片。

贝亦称蠡,原为天竺的乐器,唐代的胡乐部中多用之,在中国则以为系八音之外的乐器。《通典》(卷一百四十四)说:"贝,大蠡也。容可数升,并吹之以节乐,亦出南蛮。"唐以后中国俗乐部中均不用贝,唯僧道的乐器中尚用之。

我国古代节乐之器,用柷敔而不用拍板,唐代清乐中用节鼓,亦为柷敔之变器,拍板则系胡乐。《文献通考》卷一百三十九木之属俗部有大拍板、小拍板之分。"拍版长阔如手,重大者九版,小者六版,以韦编之,胡部以为乐节,盖以代抃也。抃,击其节也。情发于中,手抃足蹈。抃者,因其声以节舞。龟兹部伎人弹指为歌舞之节,亦抃之意也。唐人或用之为乐句。明皇尝令黄幡绰撰谱,幡绰乃画一耳进之,明皇问其故,对曰:'但能聪听,则无失节奏。'可谓善讽谏矣。宋朝教所用六版,长寸,上锐薄而下圆厚,以檀若桑木为之,岂亦柷敔之变体欤!"今此用六板,亦即小拍板。由此可见唐人拍板与现代的拍板样式和击法均为不同。

自棺座正面西首击板伎的装束来看,与东首奏琵琶伎的装束是一样的,她们在乐队中亦可能是居主要地位的,所以二人都刻在正面。

唐代的乐队,不问其为清乐、燕乐和胡乐,均有舞者,所以表示音乐的形容的，唐段安节《乐府杂录》所谓："舞者，乐之容也。有大垂手、小垂手，或像惊鸿，或如飞燕。婆娑，舞态也；蔓延，舞缀也。古之能者，不可胜记。"此二人相对而舞，一举右手，一举左手，姿态是很生动的。

王建墓内的伎乐，共计琵琶一、竖箜篌一、筝一、觱篥一、小觱篥一、笛一、篪一、笙一、箫一、正鼓一、和鼓一、毛员鼓一、齐鼓一、答腊鼓一、鸡娄鼓一、鼗牢一、羯鼓二、铜钹一、吹叶一、贝一、拍板二、舞二。共计乐器22种，25件。只羯鼓、拍板、觱篥各二。种类中以鼓为最多，计八种，九件（羯鼓二）。

从它的乐器的性质看，这一部乐队无疑是属燕乐系统的，特别是中国化了的龟兹乐系统，但其中羼杂有清乐系统的乐器。乐器中的琵琶、竖箜篌、觱篥、正鼓、和鼓（均为腰鼓的一种）、毛员鼓、齐鼓、答腊鼓、鸡娄鼓、羯鼓、铜钹等，都是和唐代龟兹部的乐器相同的。笛、箫、笙等是与唐代龟兹部和清乐部的乐器相同的，不过龟兹部的笛、箫、笙是否与清乐中的笛、箫、笙有所不同，现在尚不甚明了。① 筝、篪、叶当然是清乐系统的乐器。以乐器的数量论，龟兹系统的乐器占绝对多数，清乐系统的乐器只占少数。

以乐伎在雕刻中的排列地位而论，琵琶似为众乐之首，故排在最前面，而奏琵琶伎的装束，亦与其他的伎不同，想其中或有

---

① 林谦三论唐代龟兹部之乐器说："乐器的系统有伊兰印度中国的三种。竖箜篌、琵琶、五弦、筚篥无疑是伊兰系。横笛、都昙鼓、毛员鼓、腰鼓、羯鼓、贝是印度系。笙当然是中国系，但箫于西域亦有之，龟兹部所用箫不知何所属。铜钹是伊兰印度所共有的，由来已久。琵琶、五弦，于天竺部中亦有之，又属于细腰鼓的正鼓、和鼓，伊兰系的康国安国两乐里面均有，这些应该都是外来的。"

等级。不过这一音声队的其他乐器，与隋唐时的西凉乐和张文收以造的燕乐的乐器，又大为不同，以意度之，或者是玄宗时"道调法曲与胡部新声合作"以后所发展的一种音乐，它不完全是胡部新声（燕乐），也不完全是法曲（清乐），而是二者的混合。但它属于坐部伎，则是可以确定的。

  本篇完全系从乐器上立论，这在一方面系受了材料的限制，不得不如此；而另方面，则因作者对于音乐是外行。固然，同样的器乐，可以采用不同的乐律而奏出不同的音乐，但无论如何，音乐多少是受乐器限制的。

（原载《四川大学学报》1957 年第 1 期）

前蜀王建墓出土的平脱漆器及银铅胎漆器

漆器是王建墓内出土的重要器物之一。其中的玉册匣、宝盝等已由杨有润同志在《文物参考资料》1957年第7期中加以介绍，但尚有未尽，特别是其中的银铅胎漆碟为所发现的此类器物中之最早者，镜匣亦为出土平脱器中之最精美者，现分别介绍于后。

按镜匣与铜镜同时出土于棺内东北隅（棺为正南向），出土时镜置于匣上。银质花纹饰片保存良好，其下尚带有朱漆纹及朽木痕，故可据之做较准确的复原。

镜匣系一银平脱朱漆盒，27.5厘米正方。此系根据完整的银平脱帖白（镶边）转角的长短测定的，故十分准确。其高度因木胎全朽，仅能根据各银镶边的宽度（每道镶边宽1厘米，共4道）和其上平脱银花的宽度（盖上者宽1厘米，盒上者宽2.4厘米），推定为8.5厘米，也可能稍高，为9厘米，但过此则不能相称了。木胎的厚度，可能为1厘米，或稍薄。盖、盒的合口用子母口式，因盒上的子口在揭开后显露于外，故其上仍镶Z形银扣，可增强其力量，亦显得美观。

盖面饰以方形团花，约23厘米见方。团花以丽春花纹为底，中刻双狮戏球。（图三五）周郭用四侧的银镶边卷转约3毫米做边。盖的四侧两银镶边之间，嵌条枝花纹一道。盒身较高，两道银镶边之间嵌约2.5厘米宽的丽春花纹一条。图案的结构以花、叶为中心，两边各镂瑞雀一。

图三五　镜盒盖面银平脱花纹

此镜匣是墓内发现的最精美的银平脱漆器之一，其木胎部分虽已全腐，但银饰部分尚保存完整，可以由之复原。其设计及雕镂均臻上乘，系一极成功的作品。

按平脱之器，创始于唐，唐和宋初的记载中曾屡言之，唐段成式的《酉阳杂俎》说：

安禄山恩宠莫比，锡赉无数，其所赐品目有：……金平脱犀头匙箸，金银平脱隔馄饨盘，平脱著足迭子……银平脱破觚……银瓶平脱掏魁织锦筐……银平脱食台盘……

宋乐史《杨太真外传》说：

> 妃又常遗禄山金平脱装具，玉盒，金平脱铁面碗。

平脱器在唐代为极贵重之器，故皆特记之，此种情况于《资治通鉴》所记为尤明显，《资治通鉴》（卷二百一十六）唐纪天宝十年载：

> 上命有司为安禄山治第于亲仁坊。敕令但穷壮丽，不限财力。既成，具幄器皿，充牣其中，有帖白檀床二，皆长丈，阔六尺；银平脱屏风，帐一方一丈八尺……虽禁中服御之物，殆不及也。上每令中使为禄山护役，筑第及储偫赐物，常戒之曰："胡眼大，勿令笑我。"

在此种情况下特举出平脱器，其珍贵即可想而知。因平脱在当时被视为一种淫巧之器，故在费用匮乏时，亦加以禁止，例如《新唐书·肃宗本纪》说：

> 至德二载……禁珠玉、宝钿、平脱、金泥、刺绣……

此处将平脱与珠玉、宝钿等并举，亦可知当时系视为极奢逸之品。但此时（至德二年）两京刚复，战争方殷，而有暇及此，亦不过封建统治阶级欲借以收拾人心的一种骗人的做法，实际上当然不生如何效果，不过由此可知平脱器的珍贵。

自宋以后，因制漆技术的发展，或者亦因风尚的关系，平脱漆器几于绝迹。五代以后即少见于记载，即如明黄成的《髹饰录》记造漆之工极详，但不及平脱，故知在明代已不制造。一般人对平脱之义亦不甚明白，故方以智《通雅》特释"平脱"说（卷三十四）：

> 按古以平而凹起为脱，如土室为瓯脱，如瓯之脱也。高宗时欋椎碗脱之语，谓如碗所脱之易也。今以木为凹印以饴饼印之，谓之脱，言易成而滑脱也。故手钏曰跳脱，言滑也。此曰平脱，有专言镶托者非，盖自是前人语。

方氏所言虽详，而实不免穿凿之嫌。按"脱"有"出"义，如《管子·霸形篇》说"言脱于口，而令行乎天下"，"言脱于口"即"言出于口"。故平脱亦即花纹平出之意。在制器之时，将金银纹饰片用胶漆平黏于素胎上，空白处填以漆，再打磨出之，黏上的花纹与漆面平齐，故谓之平脱。

平脱花纹的质料，亦不一定用金银，亦可用玉或他种宝石，胎也不一定用木胎，亦可用金属，如宋陶谷《清异录》卷下《器具门》中"玉平脱双蒲萄镜"条说：

> 开运既私宠冯夫人，其事犹秘。会高祖御器用有平脱双蒲萄镜，乃高祖所爱。帝初即位，举以赐冯，人咸讶之，未久册为皇后。

此乃言五代后晋出帝与冯后之事。所谓"玉平脱双蒲萄镜"，大概系在铜镜背面用漆平脱出双玉葡萄，可知当时在铜器上亦可髹漆而在其上平嵌宝石花纹。这类资料保存的虽绝少，但可见当时髹漆工技的发展之广。

金银胎或其他金属胎的漆器，记载中均以为起于宋，其实在宋以前即已有之，如乐史《杨太真外传》（卷上）中记有"金平脱铁面碗"，此所谓"铁面碗"，是否为铁胎，尚不能确定，不过由王建墓中所发现银铅胎的漆碟观之，至迟在五代初即有此种制作，其起始或者还在以前。

漆碟发现于后室石床前稍偏东的地方，翻转覆置于地上。已破为三数片，但尚可复原。碟为五瓣形，圆底，圈足，最大直径 19.5 厘米，深 2 厘米，圈足高 1 厘米。胎分两层，内层为银，外层为铅，共厚约 1 毫米。外层表面极粗糙，其上髹漆，但漆已脱落，仅余痕迹。碟面不髹漆，故银胎露于外。银胎上用极薄金皮一层，将花纹钻于银胎之上，钻痕直透至铅胎上。空白处将金皮镂空，故银胎与金花相映。

碟底刻飞翔的双凤而以卷草纹为地。底边和口缘刻莲瓣，而用分瓣纹将其分为五段，每段之中刻花草纹。空白处则刻极细的圆圈纹。（图三六）

这一漆碟，大概系记载中所称的金银胎剔红，明黄成《髹饰录》坤集"金银胎剔红"条说：

> 宋内府中器有金胎、银胎者，近日有鍮胎、锡胎者，即所假效也。
>
> 金银胎多纹间见其胎也，漆地刻锦者，不漆器内。又通漆者，上掌则太重。鍮、锡胎者多通漆。又有磁胎者、布漆胎者，共非宋制也。

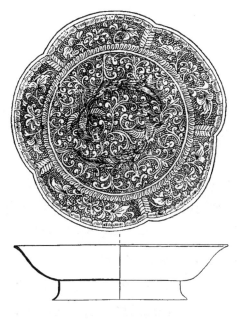

图三六　银铅胎漆碟

又明高濂《遵生八笺·燕闲清赏笺上》"论剔红倭漆雕刻镂嵌器皿"条说：

　　高子曰：宋人雕红器，如宫中用盒，多以金银为胎，以朱漆厚堆至数十层，始刻人物、楼台、花草等像，刀法之工，雕镂之巧，俨若画图。

明曹昭《格古要论》卷下《古漆器论》论剔红说：

　　宋朝内府中物，多是金银作素者。

而明张应文在其《清秘藏》中也说道：

宋人雕红漆器，宫中所用者多以金银为胎，妙在刀法圆熟，藏锋不露，用朱极鲜，漆极厚而无敲裂，所刻山水、楼阁、人物、鸟兽，皆俨若图画为佳绝耳。

由上面的记载来看，凡是谈刻金银胎者，均为剔红（亦即雕漆），均以为系宋代宫廷所用，是极为珍贵的用器。我们由王建墓内此一银、铅胎骨看，可以认定它是一件雕红器，所可惜者，漆痕全落，不能推见它雕镂得如何。在初出土时仅以为它是一件铅胎银碟，但见其器内雕镂如此精工，器外似不应如此粗糙，又其外泥土中及铅胎上均黏有漆纹，颇为不解，后来才知道应为一种漆器。《髹饰录》说："金银胎多纹间见其胎也。漆地刻锦者，不漆器内。"而此器正是"不漆器内"。今由此器的胎骨看，其不髹漆显露的部分，则用一层薄薄的金皮加于银胎之上。其堆漆的部分，可另附加一层较厚的铅胎，使胎骨坚实，亦可节省贵重金属而不损其美观富丽。此一做法，则为前人所未道及者。再者，倘若要使其"文间见其胎"，则可全用金银。

历来之言金银胎雕红者，均谓始于宋代，而传世者亦极少。按剔红漆器创始于唐代，今由王建墓内此器观之金、银胎的剔红器也应创始于唐代，而前蜀在五代中为最早，故至迟也当在唐末、五代中即有此类漆器了。

（原载《文物》1961 年第 11 期）

云南晋宁石寨山出土文物的族属问题试探

云南晋宁石寨山西汉墓所出的一批文物，从其数量性质语之，均是十年来考古学上最重要的发现之一，是研究当时滇池区域的文化及其民族的最真实的资料。① 这一批精美的青铜器和其他器物的主人是谁，以及他们属于当时的哪一种民族，应该是研究这一批文物首先要解决的问题之一。作者于1958年冬承云南省文化局之约，曾短时期参加过晋宁的发掘，1959年6—7月间，又承云南省少数民族社会历史研究所之约，对这批文物做了一些初步分析。兹将个人所能观察到的，发表于此，以供研究者和关心这一批重要文物的人士参考。因为仅仅是对这一问题的初步分析，故称之为"试探"，还望读者予以严正驳正。再者，在研究这些文物时，承云南省文化局陆万美局长及云南省少数民族社会历史研究所侯方岳副所长多方面的鼓励及指导，和云南省博物馆许多同志的热诚协助，并许发表，特此表示谢意。

在探索考古学上所发现的文物的族属问题时（指无文字发现

---

① 云南省博物馆编：《云南晋宁石寨山古墓群发掘报告》，文物出版社，1959年（以下简称《报告》）。

者而言），可从许多方面入手，最普通者，乃根据出土文物的性质、样式、花纹等特征，与已知的古代或现代民族的文化特征相对勘，从而找出其族属关系。但是，这种方法局限性很大。因为文化特征往往可以离开民族的本身而独立传播，除非各种特征相同的幅度甚大，不然，所得出的结论往往是不甚可靠的，或者仅能证明他们之间有着历史的接触关系而已。如果其中有人物图像发现时，则可以根据人物的形象、头髻和衣饰的样式等等来探索其族属关系。这虽然比前者的可靠性大，倘用之不慎，亦易误入歧途。不同的民族，亦可能有相似的服饰，特别是表现在相近的民族之中，在同一民族中，其间也可能有稍为不同的服饰，尤其是人口众多、分布区较广的民族。并且同一民族的服饰在时代的推移上是要变动的，虽然在古代及较原始的民族中其变动较为缓慢，但演变是必有的。

利用人物图像来探索他们的族属关系，在方法上虽然有它很大的局限性，但在研究晋宁出土文物的族属关系上，却有着它的许多长处。因为晋宁出土的文物，其中有很多的人物图像，包括高至30—40厘米的铜俑，小至2—3厘米的铜铸像和在各种铜器上镌刻的人物图像，约略计之，不下二三百个。这些大大小小的图像，在造型艺术的造诣上都是很高的，往往能重点突出，把所要表达的特点活现出来。特别是这些图像都在各种不同活动场面中出现，这就更增加了它们的真实感。像这样的材料，在考古学的发现中是少有的。它们若能得到正确的解释，对于阐明当时的社会性质及民族情况，其准确性当不亚于文字。而且，正因为它们是图像，更具有文字所不能表达的真实感。

利用这种方法来研究晋宁出土文物的族属问题时，还另外有一种长处，即可以用来与古籍中的记载相对勘。因为在古籍的记载中，往往以髻式和服装的样式来区别当时不同的民族，如"椎结""编发""左衽"等等。这种描述虽然太简略而且不甚准确，但如能得到当时的真实图像来加以对照，那就更为具体了。

利用服饰、头饰来区分民族，虽然不一定可靠，更非唯一的方法，但也有它的实际用处，因为每一民族都有它特殊的头饰和服装，以自别于其他的民族。这种情况，特别表现在古代的民族和比较后进的民族中，是一望而知的。这也是在古籍记载中往往以此来区别不同民族的原因之一。

所以，根据晋宁文物的特点，应先从其人物图像分析出有几类不同形象的人物，何者是主要的，何者是从属的。将各种类型确定之后，再从各种活动场面中来加以核对，以视能否构成一种族属，最后再推论它可能是当时的某一种民族，及其相互间的关系。

据初步分析的结果，其中除此一文化的主要民族而外，至少尚有七种族属。兹将其男性者分为七组，用拉丁字母代表之；女性者分为七式，用罗马数字代表之。

滇　族

晋宁文化中的主要民族，在服装上和各种活动中，是表现得非常清楚的。由于现在还不能将其与古代当时的某一民族或者是现代的某一民族相比较，所以暂称为"滇族"。因为在汉代称此一区域为"滇国"，在墓葬中又有"滇王之印"的发现，所以这些文物是当时"滇国"的东西，更确切些说，是属于当时"滇王族"的东西，这是无可置疑的。

《史记》称当时滇池附近的一些民族为"靡莫",而"滇"为其中之一。《西南夷列传》说:"西南夷君长以什数,夜郎最大;其西靡莫之属以什数,滇最大。"从《史记》的文义推之,"靡莫"似乎是一种民族的名称,而滇则为其中的一个国名,或者君长之名。①《华阳国志》称此地区的民族为滇或滇濮。故说者以为滇为濮人中之一种。②按靡莫自西汉以后即无闻,不知其为何种民族。而濮人之说古今以来更是众说纷纭,③今若称晋宁文化中的主要民族为靡莫,或者为濮,则不如称之为滇,似属更为有据。

从晋宁出土的许多铜俑及镌刻的人物上来看,古滇族与其四周的民族在服饰上及风俗上是有着显著区别的。又从晋宁的各种人物图像场面上看,所描写的对象,都是滇族的一些主要活动,或者是与滇族有关的其他族的一些活动。从服饰而论,滇族的服装是相当统一的,而特别以女子为然。滇族女子的头髻,与其他族的迥然不同。将发于额前中分而全部向后梳掠,于后颈上将发重叠而从中束之,成一在《报告》中所谓"银锭式"的长髻。④

---

① 在古代,国名与族名往往不分,如"巴""蜀"等皆是。
② 《南中志》说:"南中在昔盖夷、越之地,滇、濮、句町、夜郎、叶榆、桐师、巂唐侯王国以十数……"有的将"滇濮"连读,并认为滇应该是濮人的一种。按此种解释,不仅与《史记》所载不合,而且与《华阳国志》所载亦不合。在《南中志》中,凡言濮者,均为单用(加形容词者除外,如裸濮)。如在叙述永昌郡的民族时说:"有穿胸、儋耳、闽、越、濮、鸠獠,其渠帅皆曰王。"又说:"有闽、濮、鸠獠、傈越、裸濮、身毒之民。"三国时,"李恢迁濮民数千落于云南、建宁界"。晋时"祥(吕祥)子元康末为永昌太守,值南夷作乱,闽、濮反"。其所言之濮,均在永昌郡,想濮族是当时南中西南部的一种民族,与滇相去颇远。
③ 按濮人首先见于《尚书·牧誓》,孔传以为"在江汉之间"。濮又称"百濮",《左传·文公十六年》:"麋人率百濮聚于选,将伐楚"。疏谓:"濮夷无君长总统,各以邑落自聚,故称'百濮'。"按此建宁在今湖北省石首县南。此所谓濮或百濮,均距后来云南的濮甚远。关于濮人的族属问题,有的以为属壮、傣族系民族,有的以为属于彝族系统,有的以为与古代的"巴"有关。众说纷纭,未有定论。
④ 《报告》,第82页,"大铜俑",图版六九,1。

在髻的中部系带时可使上部稍宽而高，下部稍狭而短。有的髻可下垂至背上，大概贵族阶级的髻多系如此。有的于额前留发一小撮如"刘海"式，而后垂之髻则相同。头上及髻上均不戴其他饰品。此种髻式，因其拖垂于后，今故名之为"垂髻"。"垂髻"为滇族妇女贵贱之通式，如乘肩舆者（见《报告》图版五七）、坐而指挥者（图四〇，9之中坐者）、劳动操作者（图三七，3）、舞蹈者（图三七，1），无不作此种髻式，亦为此一群人物中最多的一种髻式。

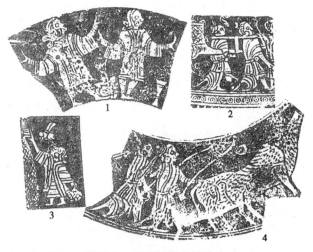

图三七　晋宁铜器上的纹饰

1. 舞蹈者（取自贮贝器 M12:2 拓片，见《报告》图版一二三）
2. 抬肩舆者（取自贮贝器 M12:2 腰部纹饰拓片，见《报告》图版一二二，注意其衣的后幅）
3. 运粮者（其所着外衣和内衣甚为清晰，取自《报告》图版一二一，贮贝器 M12:1 腰部拓片）
4. 牧猪者（取自贮贝器 M12:1，第二层器盖纹饰拓片，见《报告》图版一二〇）

再有一种发式，即将发总掠而披于背后，于后颈以下用宽带束之。此种发式，骤视之可能认为系另一种民族者，但其装束则与滇族妇女完全一致,可能为滇族女子的另一种发式。因自正面视之,与梳垂髻者完全无异,唯后垂之发有挽髻与不挽髻的不同。此种发式不多,仅见一枚头俑上(原编号 M14:9)和"杀人祭铜柱场面盖虎耳细腰铜贮贝器"上有三四俑作此式。① 再者,此种妇女髻式上的区别,可能与妇女的社会地位以及已婚、未婚、已寡等有关,或与个人的嗜好与时髦程度有关。其究系如何,须待更多的资料发现,方能决定。

滇族妇女的服装也是很统一的。无论贵贱皆服一宽大对襟式外衣,衣长仅及膝下,袖宽大而短,长仅及肘。衣领及缘边皆有数道线条纹,衣上有垂直线条作饰。着时不系不扣,使前胸之内衣微露。内衣因大部分均为外衣所掩盖,故样式不甚明了。其样式大概紧称身躯而较外衣略短,圆领,领边及衣的下脚均有线条作饰。此种内衣是否为贯领式或另有衽,亦不得而知。(图三七,1、2;《报告》图版一,1)膝以下无饰,跣足。上层阶级与贵族妇女的外衣亦均如此,唯衣上加各种纹饰,袖亦较长,此于几个较大的铜俑上可以见之。耳皆戴环,环有两式:一种仅为一小圈,大概为常人所戴,② 再一种为"叠片式",大概为贵族所用。③ 再者,贵族妇女下臂上戴扁形镯四五道,亦有很多实物发现,④ 几将整个下臂笼罩。有的腕上还戴一璧形的玉环。⑤

---

① 见《报告》图版五二、五三。
② 《报告》图版一一四,3。
③ 《报告》图版一一四,1。用递相缩小的极薄玦形玉片相叠而呈"蚌蛤"形,戴于耳上时则向两旁突出。这类的耳环是男女通用的。又在《报告》第 123 页列有"Ⅱ式"耳环(图版一一四,2),形如野兽的尖形犬齿,但图像中未见有戴此种耳环者,抑或系我个人观察的疏略。
④ 见《报告》图版一一三,2,和图版一○四,2,有金和玉两种,M20:40 为金制,M11:17 为玉制,但形制则大体相似,仅金制者更薄而已。
⑤ 《报告》图版一一二,4—7。

作以上所述装束的，又何以知其为滇族妇女？这于他们的生产活动和社会活动中可以见之。滇族的农业生产，大概主要系由女子任之，男子仅从事畜牧、狩猎和战争。此或为当时的一种男女分工。所以有关农业活动，或有关农业活动的祭祀中，均以女性为主体，而男性副之。又在许多社会活动中，如原编号 M6：41（斗牛）① 和 M3：40② 两铜扣饰上，她们往往与滇族的男子并列杂坐。再者，滇族的若干服饰是男女相通的，如叠片式耳饰、璧形玉臂环等。由以上诸端，我们可以肯定凡是着此种装束者，均系滇族的妇女。

滇族男子的头髻，将发总掠于顶（有的稍后）而叠成长形，从中以带束之，有的将带两端突于后（少数突于前）以作饰。此种发髻，从各种图像中看，为一般的通式，上下贵贱得通用之。从另一方面看，男子的头髻是比较复杂的，往往在不同的场合，有不同的髻式，但皆是从此种基本形式稍加变异而来的。大概滇族无冠，故在不同的仪式中或者用不同的发髻来表示之。例如，有一种髻，将发向上梳掠而总结于顶，样式特别松大，亦从髻中束之，髻根甚大而以发或窄带盘于根际。如执盖铜俑③、铜舞俑④

---

① 按此一铜扣饰，《报告》中未载。
② 《报告》图版七三，3。
③ 《报告》图版六八，2、3；六九，3。《报告》将此等俑均认为系女性，但从他们的头髻、服装和所戴的饰物等来看，均为男性，绝不能认为系女性，说详后。
④ 《报告》图版六六，1—8。在《报告》中亦将此四个舞俑误为妇女（见《报告》，第 80 页）。此四俑"制作精细，造型优美"，且做舞蹈状，固极易误其为女性。若以滇族男女服装的差别来稍一仔细观察，其为男性是极为明显的。此种高大的发髻虽极易误其为女性者，但通观滇族的女子，绝不作此种发髻，凡作此种髻或者均为男子，从此四个舞俑的服装上看，如肩披帔巾、腰系皮带、带前有大扣、股后拖三叉形后幅、腰佩短剑等，则均为男子服饰，滇族女子绝不如是。此虽系舞装，样式特别新颖巧丽，其为男性舞童，则一望而知。女子的舞装与此不同，一望仍知其为女，可参看《报告》图版一二三，及本文图三七，1。

等，均作此种髻式，此或为青年或贵族的一种髻式。再者有一种高髻，髻根高出于头顶五六寸，形如圆桶，再于上面结一如上式的髻。此种髻式，发中必实有物，否则绝不能如此高大。在所有滇族人物中梳此种髻者甚少，仅"杀人祭铜柱场面盖虎耳细腰铜贮贝器"上所铸平台上正中高坐（垂足坐）者一人、台下执事数人（但不如前者之高，二者均见《报告》图版五二）以及一"铜戈銎"上一乘马者（可能系滇王）等数铜俑而已。梳此种发髻或仅系少数人的特权，或仅在重要的仪式中用之，详情尚不明了。以上滇族男子的几种髻式，骤视之似均不同，但基本上是相同的，不同之点仅在髻根的大小与高矮，其顶上之髻则无不从中以带束之。以带从发髻的中部束之，男女相同，不过男子的髻在头顶上，女子的髻拖在颈后而已。此亦可能是古代汉族中所谓束发。滇族男子中亦有梳椎髻的，① 但为数不多。

　　滇族男子的服装，其外衣基本上与女子的略似，但衣袖甚短，男子则腰中束带，前有一大圆形带扣。外衣内尚着有内衣，但均为外衣所掩盖，不知其详。（图三八，1）滇族男女似不着裤，由少数半裸的铜俑视之，男子胯下仅系一宽带，而上束于腰际。② 膝以下裸露，跣足。耳皆戴环，环式如女子所戴者。

　　以上不过为最基本及一般人所通用的服装。此外，似乎尚有阶级、仪式、舞蹈上的附加服饰，形式颇为繁缛复杂。③ 例如有一种人着上述之服装，而腿后拖一长幅，幅下端作三叉形尾饰。自抬肩舆、仪式中执事者以上、牧畜者，多如此（图三七，3、4），

---

① 《报告》图版七九，2。此虽系"椎髻"，但其服装则完全为滇族者，故仍认其为滇族。
② 《报告》图版六六，舞俑。
③ 如《报告》图版六七所列之两铜饰物上所铸之人物，应为巫觋住仪式中的服装。

图三八　晋宁铜器上的纹饰

1. 乘马滇族男子，可见共所着内衣的下部
2. 乘马滇族男子，其所披之毡有似现代彝族者

（此二图取自一件铜鼓的残片拓片，共有十骑，均为此二式，或小有不同）

仅劳动者后幅短，而其他者则曳于地。① 至于舞装，此后幅更为繁缛华丽。②

有的在肩背上加一帔巾，前用带系于当胸，后面覆于背，而于尻上突起。③ 帔巾上往往饰有极细的花纹。着此种帔巾者大概仅限于少数的统治阶级。如系乘马，肩上亦披毡，有如现在的彝族（图三八，2）。

贵族的耳上戴"叠片式"耳饰向两旁突出，腹前垂一大圆形

---

① 《报告》图版一二〇，畜牧者；图版一二二，抬肩舆者；图版六六，舞装。此种后幅虽在极端诡异的变异下，但还是可以分辨的，如《报告》图版一一九"铜鼓形双盖铜贮贝器"第一层器盖上所刻的所谓"羽人"，即是一例。此上所刻绘者，大概为一种仪式中的舞蹈。

② 《报告》图版六六，舞俑。

③ 如《报告》中图版六六；六八，2、3；六九，3。其他如贮贝器 M12:26 上所铸的人物，其中"执事者"亦着此种帔巾，参看图版五三。

带扣。此种扣饰的实物发现甚多，铜制鎏金，上镶各种宝石，精工华丽。① 两下臂上戴扁形铜镯四五道，致将整个下臂罩住。腕上亦戴璧形玉环，有双腕皆戴者，② 亦有仅一腕戴者。如佩短剑，则悬于左。但无论如何盛装，皆跣其双足。如系舞装或在仪式中，膝下胫上往往系缨带以作饰。③

男子的服装在不同的场合中，虽有各种不同的附加服饰，但其基本形式在仔细观察下，是不难看出的。

着以上装束的男女，在出土的铜俑和各种镌刻的人物中，均占多数。如系在活动的场面中，则皆居于主导地位，故认为他们是这一文化的主要民族，即滇族。他们的服装，轻便而美观，富有民族色彩，既不同于当时汉族的服装，也不同于其他铜俑所表现的不同民族的服装。从其式样看，宽大而称体，是适合于当地的气候的。

滇族所统属下的各族

滇族的男女，在各种人物的图像中虽极易辨识，但除滇族以外尚有其他何种民族，则必须先找出一个大概轮廓，然后再从各种图像中加以核对。我们可先从 M13∶2 贮贝器上所铸的人物开始。④

---

① 《报告》图版七〇、七一。此类带钮亦有作长方形者，见《报告》第 86—87 页，图版七二，但在图像中少见于佩戴。
② 参见《报告》图版一二三，贮贝器 M12∶2 面上所刻之坐于铜鼓旁之男子；他如图版六八，3，其下臂所戴者，亦清晰可见。
③ 少数劳动者亦作此饰，如《报告》图版一二〇中之畜牧者，图版一二二中之抬肩舆者，膝下亦均系缨带。
④ 此贮贝器出于 13 号墓，据《报告》中的分类，属于"第二型"，推定的年代约为公元前 175—公元前 118 年，大致上是可靠的（《报告》第 14、133—134 页）。

此贮贝器为两铜鼓相叠的形式，下大上小，两鼓之间铸有立体人物一周，人物高约9—10.4厘米，做牵牛马负物之状，制作极为精工逼真，为普宁出土的贮贝器上面塑铸人物最精美的一件。所可惜者其盖部已经失去，不知其作何图景。

《报告》称之为"赶集场面"，这是与实际情况不相符的。按贮贝器为滇王族的重器，其上若铸有图像的话，都是表现滇族的重大事件的，如战争、祭祀等，若将赶集的情况铸在上面，则失其意义了。① 此一群人物，很清楚地表现出七种不同装饰及姿势。每一种中最多者四人，最少者二人。每一种中为首之人皆盛装带剑或披披毡，其后随者各牵牛马或做负物之状。从其所表现的情况观之，当系滇王统率下的各种不同的民族（或部落）来向滇王进贡或献纳的图景，正如《华阳国志》所谓"牵牛负酒，赍金宝诣之"。对滇王来说，这是一件重大的事件，故将其形象铸于"国之重器"的贮贝器上，有如中国所谓"王会图"②。可惜此器的上部已不存在，如其存在的话，此种意义可能更为明显。此图景的各群人物中为首之人，想系《汉书》中所说的"邑君"之流。如在成帝时陈立为牂牁太守，"乃从吏数十人出行县，至兴（夜郎王兴）国且同亭，召兴。兴将数千人往至亭，从邑君数十人入见立。立数责，因断头。邑君曰：'将军诛亡状，为民除害，愿出晓士众。'"按当时夜郎王、钩町王、滇王等为南中较大的王国，其下的"邑君"实相当于各族的酋长。而此图景所表现者，当是来

---

① 见《报告》第74页，图版四六、四七。《报告》中关于此一场面的解释中，把"编发"者均释为妇女，以及在分组上均有可商榷之处。
② 《新唐书》卷二百二十二下，《南蛮列传》："贞观三年，其酋（谢）元深入朝……中书侍郎颜师古因是上言：'昔周武王时，远国入朝，太史次为王会篇。今蛮夷入朝，如元深冠服不同，可写为王会图。'诏可。"

"进献"的，其为首之人的穿着，应能充分代表该族服装的特点。所以这一图景中的人物对分析当时的民族，具有特别重要的意义。这也应是"滇王"统治下的各民族最具体的表现。

此一群人物，依其发髻、服饰的样式，及进行的行列，可分为七组，因尚不能与记载中当时各族的名称相比合，故暂用拉丁字母以代表之。兹由其服饰、动作及地位，分述于后。

一、A组（图三九，1）

此一组共四人。首二人皆挽长形髻直贴于脑后，头顶髻上叠带为饰，并以窄带系于颌下。第一人短须，着短窄称身之衣，窄袖长过手，窄裤长至足背。衣上有半圆形纹饰，裤上饰斜方块纹。右手持杖（杖已失去），左带长剑（剑的下半段已断失），剑以带负于右肩。第二人须长过腹，服装同于第一人，唯上衣饰斜方格纹，裤饰半圆形纹。亦佩长剑持杖（杖的上半段已断失）。此二人应为酋长或邑君之类。

第三人短须，头髻装束与前二人同，唯发顶无带饰，无剑。背负一筐而以带承于额，筐内另贮一箱。此人之地位低于前二者，应为随从之类。

第四人挽长尖形髻凸于脑后，无髻饰，无须，身裸无裤，仅以宽带系于胯下，跣足。左悬布袋以带负于右肩，袋中有物，但不识为何种物。左手执绳鞭，右手牵一高峰牛，牛不穿鼻，以绳系于项，此人似为牧奴。

此种（前三人）服饰的铜俑，亦见于同墓出土的鎏金扣饰上。① 此扣饰上二人双手各执盘而舞，服装与所佩长剑和上述前二人相同，应为一种民族。

---

① 原编号 M13:38，见《报告》图版六八，1。

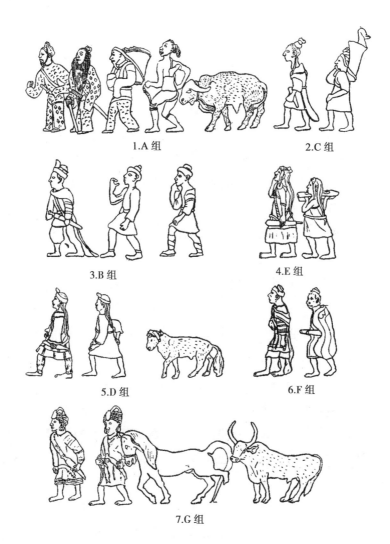

图三九 男子各组

二、B组（图三九，3）

第一人髻挽于顶，缠帕，右前方伸出一段帕端为饰。左耳有环。衣长下及股半，窄袖及腕。短裤及膝下。肩着帔巾，前系于右肩，中束于腰际，其后曳于地。左佩剑而以带负于右肩，剑长中等，鞘宽，似为铜柄铁剑。跣足。此人应为邑君之类。

后随二人，均髻挽于顶，缠帕，衣长及膝，似不着裤，或裤甚短。腰束带，腹前有圆形带扣。二人右肩共抬一物（杠与物已失落），各以右手做扶杠状。此二人应为随从或奴隶之类。此族与滇族的关系是很密切的，如滇族男子乘马时，往往有缠如以上第一人之头帕者，腰间之圆形带扣亦大体相似，但衣式不同，头髻亦异。而作后二人之装束者，亦往往于其他场合中的服役者见之，如有些为滇族女奴隶主抬肩舆者，似亦为此种人。① 他们可能是构成滇族中的一种，而同时又与彝族有关。

三、C组（图三九，2）

前一人髻挽于顶，双层，下大上小，甚高，左右有两股小发下垂为饰。衣长及膝，肩着帔巾，巾前以带系下胸前，腰际束于带内，其后下垂但不曳地。剑佩于左，短而宽。这类剑的实物发现很多，亦为滇族所常佩的一种。如《报告》第43—45页，插图九、8、9、15、16各短剑上镌刻之裸体持剑搏兽之男子，自头髻上看，应均为此族。其下臂上所戴之钏及环，亦大体上与滇族者相同。② 此族或者为长于狩猎的民族，除剑上所刻的裸身搏猛兽外，M17:14"八人猎虎镂花铜饰物"③ 所铸之八人，自其头髻、服装上看，亦当为此一族。

后随一人，发髻略如前状，但无双股下垂之发。衣长及膝，似不着裤。右肩有带，故左腰部原来似悬有物，但已失。右腕戴钏，衣袖甚短。背负筐而以带承于额。筐为小底大口（与A组之筐形式不同），筐中置猪腿一只。

---

① 《报告》图版五七。
② 《报告》第43—45页，插图九、15、16。
③ 《报告》图版一，1。

以上第一人应为酋长,其后为随从或奴隶。

滇族之男子在举行仪式时亦往往梳类似此式的高髻,但又有不同,如无下垂的双股小发和无髻根等。所以他们应与滇族有一定的关系,也可能与当时的彝族有关。

四、D组(图三九,5)

前一人梳双辫垂于背后,额系带一周,额前带内有平突之饰,亦可能系一种发式。耳戴环,衣长及膝,袖长及手,腰束带。衣上以垂直纹作饰,衣脚另接一段。不着裤,胫上似有裹腿。刀佩于左而以带负于右肩。

后随一人,发髻如前,衣亦略如前人,唯较简,无胫上之裹腿。不佩刀,双手执一鞭,后牵一无峰垂角牛。

此类民族少见于其他场合之中,故与滇族的关系似乎不太密切。他们应为如《史记》所称的一种"编发"民族,可能为当时云南西部的游牧民族中的一种。

五、E组(图三九,4)

前一人发分梳为两辫垂于背后,另分两股短发垂于耳前如髻,顶又有小髻。左耳戴大环垂于肩上。衣宽大,长过膝以下,左衽,袖短而小,衣的下方另有一节,均以垂直纹为饰。左袒。腰间系窄带。剑佩于左,以辫形带负于右肩。

后随一人,发辫亦如前,唯无顶上之小髻。衣为圆桶式,长仅及膝,无袖。其衣因无下方的另一节,故短。双手捧盾负于右肩,盾为上圆下方的长形,盾中有一脊,两边各有二圆形牌,以长钉钉于盾上。此类形式的盾,于战斗场面中往往见之。

这种民族与滇族的关系是疏远的,并且是滇族战斗和掳掠的对象。

此一"献纳图景"中虽然有他们,或者仅是被滇族征服的一部分，其中的大部分，滇族不能加以役使，而仅是作为战斗和掳掠的对象。

六、F组（图三九，6）

第一人发挽于顶作圆形髻，额以上束带一周，故髻露于顶上。衣仅及股下，着短裤。衣上饰垂直纹。肩披长巾，上端以带系于胸前，巾的下端为方角而曳于地。左佩短剑而以带悬于右肩。

后随一人，发挽于顶作圆髻，但无带饰。身所着者似为"贯头衣"，无袖，似亦不着裤。双臂前伸与胸平，做捧物之状，但双手及所捧之物已失。

前一人应为酋长，后一人应为随从捧物的奴隶。

作第一人的装束者于其他活动场合中亦往往见之，但多不着帔巾①，例如在祭铜柱及祭铜鼓中的抬肩舆者，似为此种民族。他们可能是滇国附近役属于滇族的民族之一。

七、G组（图三九，7）

前一人头戴一圈形帽，帽前窄后宽而无顶，正中有一绳形梁，帽巾有"人"字纹三道，似为编织而成。帽前当额处有一大扁桃形饰片，帽圈的左边内面有一片突起的饰片。双耳戴大环。衣长及胫，衣下脚的线纹一道，线纹上又有回纹二道。跣足，无裤。左悬铜剑而以带负于右肩。右手下垂似握一带形物横于腹间。

后随一人戴帽如前，唯梁特高，而帽左无突出之饰。衣仅及膝而无下脚的饰纹。跣足，无裤。佩剑如前，腹前亦有一带形物。右手执鞭，左手牵马，马后随一高峰牛。此一人应为前一人之随

---

① 如《报告》图版七九，1、2骑兵狩猎铜饰之铸像，发髻、服装与此略同，唯无帔巾。此二像可能有两种解释：一为F组的骑兵，二为滇族中之作F组装束者。但以第一种解释为适当。他如《报告》图版五八M10:53贮贝器上之骑兵，则可能为滇族之作F组装束者，亦竟可能为"滇王"之造像（?），M10与M13为同期的墓葬。

从而非奴隶。

此类民族于其他的活动场面中虽亦见之，但为不甚多①之骑兵。他们既非居于显著地位，亦非执役者。亦有时与滇王（？）并骑。他们大概是滇族统属下的民族之一，地位亦不甚下。从他们的服装上看，亦可能与彝族有关。

此一图景上所表现的人物，均系来向滇王"献纳"或"朝觐"者。其领导人所穿的服饰，应系该族的一种正式服装，在样式上可能代表该族的特点。又从其随从人员或奴隶的服装上，不仅可以看出每一族在服装上的等级差别，亦可看出他们的服装上的变异。在其他的场合中所表现的人物，虽然在服装上或小有不同，但某者可能系同族，某者可能不同族，是不难判定的。

在此图景中的酋长皆佩剑，其随从人员则不佩剑。所佩的剑虽各有样式及长短之差，但皆悬于左。在骑乘之中有极少数将剑悬于右者，或剑首出于右者，此或与乘马有关，而非民族的不同。因古代乘马无足镫，若剑悬于左，上马则不便。

以上所描写的七种不同装束的人物，均系男子，至于女子，我们可先从"奴隶生产俑贮贝器盖"上的人物开始②，然后再推测他们之间的关系。

此贮贝器发现于1号墓中，系最早的一个发现。1号墓为西汉中期以后的一个墓葬，与13号墓约为同时。

此贮贝器盖上所铸的铜俑共有18个，均属女性，系一家庭奴隶生产最生动的场面。此中滇族的女子占七八个，发式服装皆一

---

① 《报告》图版八二，1。
② 云南省博物馆考古发掘工作组：《云南晋宁石寨山古遗址及墓葬》，《考古学报》1956年第1期。该文称此器为"鼓形飞鸟四耳器"。该文误其中的三人为男性，并误鹦鹉为鸡，见该文图版五。

153

律。女奴隶主（滇族）坐于盖的上首矮榻上，较其他各俑为大，且通体镀金。发式及衣着皆为滇族的标准样式。其他各俑（除其后为之执伞盖者外），均向之而坐。此中除作滇族女子的装束者之外，其他尚有七式。

Ⅰ式（图四〇，1、2）：发分梳成两辫拖于背后，另有两小股垂于耳前。衣左衽，左袒。下臂戴钏，端坐于器盖右前，其右置一袋，双手捻线。

Ⅱ式（图四〇，3）：发挽成螺髻于顶后，双耳戴大环，衣长及膝，自衣上所刻的纹样看，似为对襟，但为织机所掩，情况不大明了。此人箕坐于前者之右而面对女奴隶主，以足蹈腰机而织。

Ⅲ式（图四〇，4）：发于脑后挽成一髻，肩上披巾而垂于后，将背露出。衣的样式不明，但长及膝下。衣的下脚刻有横线纹三道。箕坐而织如前（坐于前者之右），右手执扣，左手执断线至口以津润之，做接线状。

Ⅳ式（图四〇，5、6）：发梳髻垂于右耳上，肩上披半月式之巾，垂于后而露背，巾前以带系于颈。衣长过膝，但式样不明。箕坐而织，双手执扣。

Ⅴ式（图四〇，7）：髻挽于额前呈尖角状，甚高，余发则披于后。此种高角髻似为一种假髻，其中似实有物。衣过膝而腰束带，背后之衣带以上凸出，如其中实有物然。箕坐而织如前。此种发髻为此一群铜俑中之最显著者。又在 M12∶26 贮贝器盖上的图景中亦行梳此种髻者三四人，但其民族成分则不明了。①

Ⅵ式（图四〇，8）：将发结于后而扭成绳形，挽盘髻于脑后，余一节垂下至腰际。短衣，长裙。裙似为布一幅围于腰际而以宽

① 《报告》图版五三，右。

1. Ⅰ式（右侧面） 2. Ⅰ式（左侧面） 3. Ⅱ式 4. Ⅲ式

5. Ⅳ式（正面） 6. Ⅳ式（背面） 7. Ⅴ式 8. Ⅵ式

9. Ⅶ式 中坐者为滇族女奴隶主，其右捧巾者为滇族妇女，其前之捧盘及其后之执伞盖者（伞盖的上部已断落），为Ⅶ式妇女

图四〇　女子各式

带束之，裙幅后部出两角尖而曳于后。此人立于器盖前首中部，双手捧盘于胸前，盘中所盛者似为鸟类二只。

M12∶26贮贝器盖上图景中亦有同样装束的一人，又 M6∶13 之乘马者亦作此种装束。① 此类俑因数量过少，其民族成分亦不能明了，其为滇族以外之民族则可知。

Ⅶ式（图四〇，9）：发挽椎髻于顶际，额缠帕一周，项戴珠圈。衣仅及膝而腰束带。衣上刻垂直线纹，衣的襟式不明。端坐于女奴隶主之后，双手所执者似为铜伞盖，但其上部已断失，故不明。此种铜伞盖发现有实物。② 又女奴隶主之前右端坐一人，双手捧一长形盘以进，盘中盛一鹅。此人之头髻及装束与上者略同，当为同族。

以上是这一场面中所表现的妇女主要人物，除了滇族的以外，尚表现有七式不同头髻及装束的女子，每式一人（仅Ⅶ式有二人），想这仅是象征式的，因在此种"器盖"面积的限制下，不可能每一式铸很多的人物来代表。每一人即可象征着其所统辖的族属在为奴隶主服役。如果这一推测有可能的话，那么，问题是她们与"献纳图景"上所表现的七组民族是否有关系，或者能否与其等同起来。在两者之上所表现的均为七种，这不仅是一种偶合，或者在滇族当时所统治或役属之下的，主要的有七种民族，也是极有可能的。

其中的E组与I式，可以大体上断定他们是同族的，他们不仅发辫相同，服装亦大体相似，并且均系左袒。所不同者，仅男子耳戴大环而女子无之。女子则下臂戴钏，上臂有珠圈，而男子则无之。在原始社会中，男子与女子的服饰大体上相似者，亦往往有之，但为例是不多的。E组与I式的服饰大同而小异，所以可能是同族属的。如果此一假定可以成立的话，那么这一女子当系被掳掠而来

---

① 《报告》图版八二，2。
② 《报告》图版六九，1铜俑之所执者。

的奴隶，因为从几个战斗及掳掠图景中，此编发民族系滇族战斗及掳掠的主要对象。亦可说明此一场面中的服役者均系女奴隶。

其他各组的男子与各式的女子之间，因资料不足，尚无法比附。不过在这里不妨先提出一种意见，以备研究参考。

B 组与Ⅶ式

C 组与Ⅳ式

D 组与Ⅴ式

F 组与Ⅲ式

C 组与Ⅱ式

A 组与Ⅵ式

以上每列组合，可能系同族。

这种各族间男女的互相比附，是非常牵强的，不过也是经过了一番仔细的考虑，根据各种情况，而暂时加以拟定的。例如，我在前面曾认为 B 组这一族与滇族的关系是很密切的，此Ⅶ式的女子则系为滇族女奴隶主个人服役的，一人为女奴隶主执铜伞盖，一则进食（双手捧盘），并且杂在滇族妇女之间，其与滇族的关系比较密切，是可以想见的。再则两者在服饰上也有相同的地方，例如皆顶挽椎髻，缠帕，腰束带，衣上的纹饰也大致相似。所以，照上面情况，暂定他们系同族。其他可以类推，并在"推论"中再加以详述。

我们回转来用以上所定的"滇族"以及其他的"七组（男）""七式（女）"来观察晋宁出土文物上所有的人物图像，则很少有溢出以上所举的种类之外的。无论他们在服装上如何变异，每一种类的最基本的形式，在仔细的观察之下，是不难看出的。这些人物图像有的虽然极小（最小者不到 2 厘米），但其造型艺术很高，表现力也甚强，这就给我们在研究上提供了很大的方便。

推 论

我们从晋宁出土的文物上所雕刻的各种人物活动场面上看，滇族是他们所要表现的主要对象，其他各族都不过处于从属地位。从滇王族的墓葬群中出土的文物上表现出此种特点，应该是正常的，也是预料中的现象。

"滇族"有它独特的、高度发展的青铜器文化及其别具风格的服装，这种服装既不同于当时的汉族的，也不同于铜器上所表现的其他各族的。这种服装，显然与滇池区域的气候相适应（无严寒酷暑），虽可以说它主要是由滇族自己所发展的，但也不能说不受到当时其他邻近各族的影响，特别是汉族，因骙视之，其服装稍具有一些汉族的风格。

关于"滇王"的来源，《史记》言之颇详。《西南夷列传》中说："始楚威王时，使将军庄蹻将兵循江上，略巴、蜀、黔中以西。庄蹻者，故楚庄王苗裔也。蹻至滇池，地方三百里，旁平地，肥饶数千里，以兵威定属楚。欲归报，会秦击夺楚巴、黔中郡，道塞不通。因还，以其众王滇，变服，从其俗，以长之。"按"庄蹻王滇"之说，开始于《史记》的这一段记载，后来言滇事者，无不以此为本。司马迁是到过当时的南中的，非其他得诸传闻者可比，其言当不尽诬。① 而他在《西南夷列传》中记滇事亦最详，

---

① 《史记》卷一百三十《太史公自序》："……于是，迁仕为郎中，奉使西征巴、蜀以南，南略邛、笮、昆明，还报命。"司马迁之南游，正当平西南夷之后（元鼎六年），其对于南中的情况必甚为了解，此于《史记·西南夷列传》中所叙述者可以见之。按汉时昆明，略当现今洱海及其以东地带，故司马迁足迹所到，离滇池区域亦不远。也可能到过滇池，因其言"昆明"，可能是泛指南中而言。

最后更在赞论中说："楚之先岂有天禄哉？在周为文王师，封楚。及周之衰，地称五千里。秦灭诸侯，唯楚苗裔尚有滇王。汉诛西南夷，国多灭矣，唯滇复为宠王。"司马迁对于"庄蹻王滇"之说如此重视，想此说当时在滇族中必很普遍。

虽然这一段记载中有若干问题，后来有不同的说法。例如，庄蹻入滇的路线，《史记》言"循江上……"此所谓"江"，当系指大江。而《华阳国志》则以为系"泝沅水，出且兰"。又如庄蹻入滇的时代，《史记》以为系在楚威王时（公元前339—公元前329年），而《后汉书》则改为楚顷襄王时（公元前298—公元前263年），俾与秦攻夺楚巫、黔中郡的年代（公元前277年）相吻合。像这些记载上的错乱，虽然削弱了它的史实性，但"庄蹻王滇"这一史实，从各方面来看，则当是可信的。如果我们从晋宁出土的文物所表现的情况来看，庄蹻王入滇之事似乎对当时滇东北区的文化发展，还起了一定的作用，对"滇族"的形成，想亦不无关系。

按庄蹻从楚行数千里而征滇，并且能以"兵威"临之，其人数当不至过少。以两汉时期每次征滇所用的兵力推之，庄蹻所带的人数，至少也当在几千人或者万人以上，"食重"者或尚不在内。庄蹻的本意是欲"归报"于楚的，后来因为不得已而留滇，其所带领者应尽是有战斗力的男子。这样众多受当时楚国文化影响的男子，在当时的一个少数民族地区住留下来，娶妻生子，其所发生的影响一定是很大的。其所娶的女子，想绝非都从同一个民族而来，因为以当时边区少数民族人口的情况而言（《史记》称滇王有众数万人），除非将一族中的青年男子尽行屠戮而夺其女子外，一时之间或者找不出这样多的未婚女子。这样众多的男子娶其当地和四周不同族的女子，其下一代必定会形成民族上和文化上的融合，其于风俗习惯和物质文化上所保留者，也不一定是属于哪一个民族的，或者其女子所属的各族皆有之，而演成新的风俗和服装。这些人都是属于统治阶级的，其所直接统治的民族或者将起而效之。这样就可能在当地演成一种与前不同的更进步的文化。我们观于晋宁出土的文物所表现的高度发展文化，想象这样的现象是可能出现的。所以庄蹻之从其俗而王滇，也许不是从某一个民族的风俗，而是所取者广，其中不仅有"楚"的成分，也有当地各族的成分。这种文化的混合，或者在当时滇池附近的生产及文化上也起了推动作用。我们试观滇族别具风格的男女服装，以及其地方性特别强烈，但仍在汉族文化基本范围以内的高度发展的青铜器文化，这种推测似乎是可以成立的。

我们再以滇族的服饰来说，滇族中无论男女皆系赤胫跣足，这完全是西南少数民族从古到今的习惯，即使到了唐代，南诏中的清平官以及大将军等皆跣足，可见这一习惯在西南民族中的久恒。① 滇族在足下所表现的，虽完全是"西南夷"的习俗，但其发髻则颇具汉族的风格。

前面已经言及，滇族的男女皆束发，而不同于其他的"椎髻"或"编发"。而汉族在古代亦系束发，这也是汉族在古代自别于其他"编发"和"椎髻"的民族的标志。② 古代汉族的发如何束法，今虽不能知其详，但我们若看湖南长沙陈家大山战国墓出土的帛

---

① 《蛮书》卷八《蛮夷风俗》："俗皆跣足，虽清平官、大将军亦不以为耻。"清平官犹唐之宰相。《新唐书》卷二百二十二上《南蛮列传》："官曰坦绰、曰布燮、曰久赞，谓之清平官，所以决国事轻重，犹唐宰相也。"
② 按汉族古代的"束发"，颇多异称，如髻、鬙、括、髺等，《说文》："鬙，絜发也。"段注："絜发，指束发也。……《内则》丧服之'总'，《深衣》之'束发'，《士丧礼》之'鬙'，同为一事。"按其他如"紒""总""鬙""髻"等，均系指束发而言。《说文》："鬙，总发也。"又说："髻，总发也。"《释名》释首饰第十五："总，束发也。总而束之也。"

画上女子的发髻,其样式和滇族女子的头髻是有些相似的,均系以条组束发,仅比之稍上而滇族者更下垂而已。① 关于滇族男子一般的发式,在中原出土的一些人物图像上也有类似的情况。如河南省辉县赵固镇战国墓出土的宴乐射猎纹铜鉴上所刻的人物,有的发束于顶使两端翘起,脑后拖一"三角形"组带,样式甚为奇特,② 而滇族男子的一般头髻均系将发束于顶,使两带拖于后。所不同者,两带之间不相连结成三角形而已。大概在战国时期,汉族的男女或者有类乎滇族男女的髻式,而滇族的此种发式,可能是由庄蹻带去的楚发式演变而来的。关于战国时期这一类的材料发现尚不多,所以比较是很困难的。

总之,从服装上以及人物图像的各种活动上言,滇族的人物形象是特别突出的,他们是这一文化的主人,是这一文化的创造者。

按滇族是当时南中文化最高的民族,以一般的情况而论,除非有强迫性的迁徙,是不会在短时期内就从当地消失的。那么,滇族属于历史中的哪一种属,在这里也不妨略加推测,作为我们研究这一问题的参考。

我们知道,在南诏奴隶王国兴起以前,南中各民族间的迁徙变动是不大的。当然,其中也有少数的移动,如蜀汉时"李恢迁濮民数千落于云南建宁界以实二郡"以及少数汉族移入和汉文化

---

① 郑振铎编:《伟大的艺术传统图录》第一辑,图版一二。又郭沫若:《关于晚周帛画的考察》一文中有较清晰的摹本,《人民文学》1953 年第 11 期。
② 中国科学院考古研究所:《辉县发掘报告》,科学出版社,1956 年,第 116 页,图一三八,铜鉴 1:73 摹纹。又如山西长治所出的铜匜上刻者亦同,见山西省文物管理委员会:《山西长治市分水岭古墓的清理》,《考古学报》1957 年第 1 期。其他如河南汲县山彪镇出土的水陆攻战纹鉴上所刻的人物,有一些也作此种样式。见郭宝钧:《山彪镇与琉璃阁》,科学出版社,1959 年,图一〇、一一、一二。

影响的加强等等，但其中的主要各族，尚保持其原来区域。即使一些比较后进的民族如青蛉、弄栋、昆明等，自西汉迄隋唐，均大体住在他们原来的地段，并且在载籍中斑斑可考。至南诏兴起以后，始将云南境内的各族大量迁动，以便于统治。所以，我们推测，滇族自两汉以至隋唐之间，除有少数的向外发展之外，其中绝大部分仍旧住在滇池区域，而这一带也正是南北朝末期及隋唐之间所称为"西爨白蛮"的地区。

自西汉而后，记载南中之事者，均不如《史记》《汉书》之言其地王侯的活动属实。《后汉书》虽为滇王立传，但除了追述庄蹻王滇的来由以外，并未提及当时的滇王的事迹，所言者均为整个南中的活动。大概自西汉而后，汉人在此一地区的统治力量加强，以前所谓侯王者均已式微，或仅保持虚名；其起而代之者，则为所谓"渠帅""大姓"。例如蜀汉时"先主薨后，越巂叟帅高定元杀郡将军焦璜，举郡称王以叛"。益州大姓雍闿为高定元部曲所杀，孟获则代之而起，而雍、孟则为益州的"大姓"。诸葛亮平南中后，"分其羸弱配大姓焦、雍、娄、爨、孟、董、毛、李为部曲"。此时并不言有滇王或夜郎王，而爨氏亦开始见于此。爨习在蜀汉曾官至领军。两晋南北朝之间，爨氏中为南中郡守、刺史者接踵相望，而当时在势力上能与爨氏相抗者，唯有孟、霍两大姓。东晋孝武帝时，两姓互讧，公元378年孟彦将霍彪送往广州，而孟彦亦死于丹州，两姓之势力大减。至梁侯景之乱时，已经很微弱的汉族势力，亦不得不最后撤出，南中遂为爨氏所独据。

爨氏的郡望，皆称建宁，亦即古滇国故地，而爨氏可能为滇族，但无论如何，其所统治下的人民当为滇族。因此时去滇王国未久，亦未闻其后有人民他徙的记载。

东爨的地域原属汉晋间建宁郡的东境及其附近地区，历来为爨氏所统辖，但其人民的语言、服装以及风俗习惯均与西爨大异。① 其中之主要成分大概为彝族。到了隋代前后，大概由于爨内部的分裂以及民族的不同，西爨对于东爨失去了统属能力，但其统治者仍为爨氏，故在汉人的记载中仍称其为爨，因其居于原来爨氏统辖的东境，故称东爨。但西爨仍为当时南中的主要民族，西爨的首领例以汉人的官爵自称，或称"西爨王"，而隋时史万岁所征讨者亦主要为西爨，并未涉及东爨。② 南诏强迫西爨迁徙时，东爨以言语不通，多散林谷，亦得不徙。东爨统治下的人民，大概因其为彝族之故，其首领一般均称"鬼主"。

"爨"本为当时此一地区的统治者的姓氏。以统治者姓氏为族名或部落名，这在历史上和原始部落中是极常见的事。③ 因为有些原始部落本来就没有一个固定的名号，其四周的外族往往以其统治者的姓氏称之，久而久之，统治者的姓氏遂变为族名或部落的名称了。《蛮书·名类》说"风俗名爨也"，此即是说，爨本为姓氏的爨，后来变为风土或地域的爨了。爨虽然是从姓氏的爨逐渐变而为"风土"的爨，但爨人中所包括的民族，应与以其前在此一地区的民族有承袭的关系，除非我们能够证明爨氏所统属的人民是在两晋南北朝之间由外面迁徙而来的，不过这在历史之中是找不出这种记载的。所以我们推测，西爨区域，亦即古滇王国的区域，其中的人民，除了有不同程度的汉化及少数变动而外，应与两汉魏晋时期的古滇国人民不殊。至于东爨，自两汉以来即为古代爨族聚居的地方，后来曾为爨氏所统治，其中之绝大部分应

---

① 参见《蛮书》卷四《名类》、卷八《蛮夷风俗》。
② 《隋书》卷五十三《史万岁传》。关于西爨与东爨的居住地域，可参见《蛮书》卷四《名类》。
③ 如唐时的东谢、西赵、茫蛮等，皆以其首领的姓氏为种号。

当仍为彝族,此于樊绰在《蛮书》中对于东爨乌蛮及西爨白蛮的记载,是可以很清楚地看出的。

关于乌蛮与白蛮的问题,讨论者颇多,有的以为从其汉化的程度而言,有的以为从其中的贵贱之分,有如后来彝族中的黑彝与白彝,但皆无由证实。按乌蛮、白蛮之说,开始于樊绰的《蛮书》。《蛮书·名类》对于当时云南的各民族有较全面的叙述,其中言为白蛮者有西爨、弄栋、青蛉等,乌蛮有东爨、独锦、长裈、施蛮、顺蛮、磨蛮、六诏等族。对于其他各族,均未言其为"乌"或"白",有的仅称为"杂种"。樊绰对于乌、白二蛮的分类,并未给予任何说明,从其记载中亦看不出有贵贱之分。如青蛉蛮中的首领尹辅酋、尹宽求,曾做过南诏的清平官,而唐亦拜宽求为左散骑常侍,封高溪郡王。① 不过《蛮书》中也有这样的记载:"粟粟两姓蛮、雷蛮、梦蛮皆在茫部台登城东西散居,皆乌蛮、白蛮之种族。丈夫妇人以黑缯为衣,其长曳地。又东有白蛮,丈夫妇人以白缯为衣,下不过膝。"又在《云南界内途程》第一中说:"邛部东南三百五十里至勿邓部大鬼主梦冲地方,阔千里,邛部一姓白蛮、五姓乌蛮。初止五姓,在邛部台登中间,皆乌蛮也。妇人以黑缯为衣,其长曳地。"从上面所引,似乎说明乌蛮、白蛮系以其所衣的颜色而分,乌蛮衣黑缯,白蛮衣白缯。

不过,此亦不尽然,如"青蛉蛮,亦白蛮苗裔也",但衣服语言与蒙舍略同。而蒙舍(南诏)为六诏之一,据《蛮书》则应为乌蛮,而此则言乌蛮与白蛮之语言服饰略同,或其间有混合情况,故樊绰称之为"白蛮苗裔",而不直言其为"白蛮"。《蛮书》叙述南诏的衣饰特详,但亦不尽为黑、白,或者南诏跃为统治者以

---

① 《新唐书·南蛮传》的尹仇宽,当即《蛮书》中的尹宽求。

后，或模仿汉族，在饰上有所改变，如剑川石窟所凿南诏王者像，其服饰虽具地方色彩，但大体上则系模仿汉族。总之，此一问题，须待进一步的资料发现，才能解决。

《蛮书》对唐时的云南民族中明言为白蛮者，除西爨外，仅有青蛉和弄栋二族。青蛉、弄栋自两汉以至隋唐皆居于滇族的西北边境，他们可能系与滇族有关的民族，也可能系受滇族文化影响最深的民族，因此樊绰称他们为"白蛮苗裔"，而非纯粹的白蛮。

关于爨氏应属于古滇族的苗裔一问题，也可以另有一些旁证。据《爨龙颜碑》，自谓系楚令尹子文之后，寄居河东，食邑于爨，因以为姓。此或系汉化后的一种依托，然其假托于楚，亦必有由，或与庄蹻王滇之事有关，即为夷化了的楚人。按滇族地区在两汉时期为汉族统治者在南中推行汉化的中心，如西汉末文齐为益州太守，"造起陂池，开通灌溉，垦田二千余顷"，引入汉人的先进生产技术，东汉肃宗时王阜为太守，则"兴起学校，渐迁其俗"，来推行汉化。是则滇族的子弟必有读汉文书籍者。爨氏既为滇族中的大姓，而且跻于高级统治者之列，其汉化必然更速。如文体书法，均被誉为系汉晋正传的《爨龙颜碑》，其作者即为爨氏之中的爨道庆，亦可见爨氏的汉化程度了。

前已言过，爨氏的郡望，皆称建宁。《华阳国志》建宁郡同乐县下有"大姓爨氏"。按东晋时的建宁郡，仅为蜀汉和西晋时建宁郡的东部，爨氏郡望之称建宁，大概是指蜀汉及西晋时的建宁而言。因自东晋以后，爨氏的驻牧地并不在当时的建宁，而实在晋宁郡的滇池县，即今晋宁县。《蛮书·云南城镇》说："晋宁州，汉滇河故地也，在柘东城南八十里晋平川，幅员数百里，西爨王墓累累相望。"这些西爨王墓现尚未有发现。明李元阳《云南通志》载："爨王墓碑在昆明县东十五里，题曰：大周昆明隋西爨王之碑。"但现已不存。① 樊绰所记是否与此有关,不得而知,将来这些墓葬若有发现的话,对于爨氏族属问题当便于阐明。我们知道樊绰记事是相当精确的,其言当不虚。

依照前面的推测,西爨治下的人民为古滇族的苗裔,而爨氏是其中的大姓,后来又因其统治者之姓氏,以称其民族。因为爨氏所统治下的地方有东部彝族,故别之为东爨。而西爨实为爨氏统治的中心,东爨在经济上、政治上和文化上不过处于从属的地位。

到了唐天宝年间,爨氏中各酋内讧,遂为蒙氏所灭,并徙西爨20余万户于永昌城。此一强迫的迁徙,其人数之众,在西南的历史上是少有的。而此20余万户人民的下落,亦当为研究西南民族史应当解决的问题。前已屡言,西爨在当时南民族中是汉化最深的民族,以如此之众,任其迁徙到什么地方,绝不会于短期内就被其他民族同化,相反的只有其他民族被他们同化。现永昌平原均为汉族,较远则为其他兄弟民族。在文化方面,除汉族外,似未有能与西爨相比拟者。因此问题未获得解决,有人以为西爨原为傣族,今德宏区域的傣族,即西爨的苗裔。这完全是不可能的。我们知道,现在爨族的文化与隋唐时西爨的文化,是完全不同的,这在《蛮书》中叙述得很清楚。

据我个人的看法,徙于永昌城者大概仅为西爨的统治家族,故《蛮书》在西爨后说:"(爨)日用子孙今立在永昌城。"但西爨中之大部分人民,可能并未徙往永昌,或仅泛指古代的永昌郡而言,即现在南华以西及大理白族自治州区域(两汉时永昌郡的

---

① 《新编云南通志》卷八十五对此碑的考证颇详,碑题应为"大周昆州(刺史)隋西爨王之碑"。"昆明"应为"昆州"之误读,而"昆州"之下亦应有"刺史",其说甚确。该志并以爨玩当之,亦颇近是。

东北部），亦即现在白族所聚居的区域。将被击败者的统治阶级与其人民分开，系古代统治者的一种策略，也是南诏所惯行的一种策略。他如南诏破浪穹、邆赕以后，皆迁其诏主于永昌；破施蛮后，迁其统治宗族于蒙舍；破顺蛮后，则迁其统治宗族于白岩，皆其例。所以南诏击灭西爨以后，想不至将其人民与其统治宗族迁于一处。

再者，西爨是当时西南民族中文化程度最高的民族，同时也是汉化最深的民族，南诏将他迁居于其国都（大理）的周围来为他的生产服务，也是古代统治者惯行的一种政策。所以南诏时期大理区域的文化和生产，很快地就超过了滇池区域，这种情况想不是无因的。我们认为现在的白族与西爨当有一定的关系，这于语言方面也可以得到一些线索。樊绰说："言语音白蛮最正，蒙舍蛮次之，诸部落不如也。"樊绰所谓"最正"，自是以汉语为标准，因白蛮的汉化程度最深，或其语言中接受汉语词汇为多，故从汉人来说，觉其语音"最正"。现代白语的词汇中，汉语词汇占一半以上，故白语中有"汉白楚江"或"汉白秋江"之语，意为汉语白语各为一半，可见白语受汉语影响之深且久，而这种影响想不始于近代，或者自"滇""爨"以来就不断进行着。我们又看《蛮书》中所记的少数白蛮词汇，其中均可在现在的白语中找到对音，而于现在云南其他种语言中则找不到。此种词汇虽然是很少，想亦不会是偶然的。

白族语言的分类，历来是语言学上的一个问题，各人有各人的看法。但最近语言学家对白语的研究，认为白语语法与彝语比较接近，但此实不足为异。在前面已经讲过，大概古滇族是在古代彝族的基础上发展起来的，如果白语语法接近于彝语，则正是预料之中的。当然，此点并不能证明现在的白族即是隋唐时代的西爨，或西汉时期的"滇"，但至少在研究上是一些线索。

以上不过是比较合乎事实的推测，其证明则有待于将来考古学上的发现。

至于其他七组，A组是其中最特殊的一组，从其服装的各方面来看，都与历来西南少数民族的习尚不合。长窄过手的袖，下及足背的长裤，均非西南民族的一般习惯，而可能与西北气候较寒地区的民族有关。特别是长须，在西南的少数民族中是少见的，一直到现在还是如此。例如在晋宁出土的这样多的人物图像中，除此一例而外，从未见有留须者。此组的首两人左悬长剑，自其样式观之，可能是铜柄铁剑，因青铜剑少有如此之狭而长者。此类铜柄铁剑在晋宁墓葬中出土甚多，有一墓多至十余柄者（如M3中共出13柄）①。根据晋宁墓葬中出土的各种文物来看，滇族在当时尚未掌握炼铁的技术，故此类剑当系外族输入的，其中之精者，往往再加上滇族风格的华丽金鞘。这类剑的输入，也可能与此一组的民族有关。

按此种形式的铜柄铁剑，除在晋宁有大量出土外，在四川岷江上游的汶川县和理县的石棺墓中亦有大量的发现。② 两处所出的此类剑，形制完全相同，时代亦略相当，且同样大量的出土，其间想不无关系。不过在云南方面除昭通外，尚未发现有如岷江上游的石棺葬者。

从各方面看，A组在服饰上所表现者，多与西北的游牧部落有关，他们在当时可能是云南西北的游牧部落之一。他们少见于其他活动之中，其与滇族的关系，可能是很疏远的。

---

① 《报告》第108页。
② 见拙著《岷江上游的石棺葬》，成都《工商导报》副刊《学林》第10期，1951年5月20日。

Ⅵ式女子的服装，也同样是特殊的。西南少数民族妇女的一般服装，大半皆衣（或裙）仅及膝下，下则裸胫跣足。此则长裙及地，足上是否着有鞋或靴，因铸造不清，不得而知，此类装束，亦可能系一种游牧部落女子的装束，可能与 A 组为同族亦未可知。又观 M6:13 的乘马女子，亦可作为旁证。①

A 组和Ⅵ式相当于当时记载中的何种民族，因材料过少，尚无法推断。

E 组和 D 组同为"编发"民族而有不同。特别是 E 组，是滇族战斗和虏掠的对象，如贮贝器 M6:1②、M13:356③盖上铸造的大规模战斗中，滇族的对方都是此种民族，而且都是被击败者。有头被割下用发辫系于马颈下者，有被俘获用绳索将双手捆住者。又如在一铜扣饰④上铸有俘获的图像，前后有甲士二人，中间为所俘获的牛羊及俘虏二人，被俘虏者亦为此种民族。后一甲士手提一首级，即以手握其双辫。又如刻纹饰片（M13:67）所刻之戴枷者、双手被缚者，亦为此种民族。⑤ 再者，此种民族很少出现于他种活动之中，纵有之，亦仅以旁观者的姿态出现。⑥ Ⅰ式女子，因与此服装相同，当系同族。

D 组也是一种编发民族，与 E 组大概是相近的民族。又 V 式的女子，可能与 D 组是同族，其衣饰虽男女不同，但具有类似的

---

① 《报告》图版八二，2。在这样多的妇女图像中，除此而外，未见有乘马者。滇族的贵族女子则乘肩舆而不乘马。
② 《报告》图版四八、四九。
③ 《报告》图版五〇、五一。
④ M13:109，《报告》图版八三，2。
⑤ 《报告》第 105 页，插图二六，1。
⑥ 1 号墓中所出之"鼓形四耳器"上所铸的祭祀场面中，有一为此种发式及服装者，其神态则全为旁观者，而非仪式中之活动人物（见云南省博物馆考古发掘工作组：《云南晋宁石寨山古遗址及墓葬》，第 55 页，图版五）。

风格，又髻盘于额的发式，在古代滇西一带少数民族的妇女中是比较普遍的一种头髻，与苗、瑶妇女的尖形髻基本上是不同的。

《史记》将云南当时北部以及西部的民族分成两大类：一种为"魋结，耕田有邑聚"的农业部落，其中包括夜郎、靡莫、滇、邛都等族；再一种为"编发，随畜迁徙毋常处，毋君长"的游牧民族。其中以"嶲、昆明"为代表。其所占据的地区，大概为自今四川会理以南、洱海以东一带。E 和 D 两组大概是属于此中的，他们是"嶲"还是"昆明"，则不得而知，也或者是属于"昆明"这一族属。昆明是当时云南西部的强悍民族，汉王朝的使者不能西通身毒，主要是为昆明所阻。他们或时常剽掠东边的农业部落，所以为当时滇族战斗的主要对象。他们的武装装备如兜鍪、甲、盾等，均与滇族者不大异，唯所佩的剑形式不同，大概在战斗中所用的盔、甲等，当时在南中是各族相通的。昆明至唐时尚存在，除有时仍称昆明以外，又称为"昆弥"，以其居于西洱河区域，故又称"洱河蛮"，或简称"河蛮"。至南诏兴起后为蒙归义所败，迁其大部分于云南郡东北、柘东一带（即与西爨互易其地），此后就少见于记载中。说者或以为昆明与现代的白族有直接的血缘关系，则尚待考古材料的进一步证明。

B、C、F 和 G 四组，大概系《史记》《汉书》中所称"椎髻之民"的。他们头上缠帕或不缠帕，戴冠或不戴冠，但髻均挽于顶呈椎状，其妇女的髻亦多如此。其中除 C 组而外，皆着帔巾，帔巾的样式虽各有小异，但大体相似。女子中亦有二式着短帔巾（Ⅲ式、Ⅳ式）。服装的风格亦大体相类。他们大概为互相近似的民族，是可以一望而知的。

《史记》称滇以东北的各族为"靡莫之属"，或又称"劳浸靡莫"。他们与滇族为"同姓"，是十分近似的族类。《西南夷传》

说："其旁（指滇），东北有劳浸靡莫，皆同姓相扶。"他们在当时已可能结成一种松懈的部落同盟，滇王未得到他们的同意以前，不敢单独降汉，直等到汉兵击灭他们以后，滇王才敢"举国降"。

虽然"劳浸靡莫"到西汉以后即无闻，而以上的四组及四式，也可能即是"靡莫之属"，或者与他们有关。这四组与滇族的关系是非常之密切的，可于各种活动场面中见之。滇王族的个人，也时常披上他们的服装。他们所佩的短剑，在晋宁的墓葬中，也发现有很多的实物。从服装上看，他们一方面可能与当时彝族有关（滇东北一带，为当时彝族活动的中心）；另一方面，滇族在开始时也可能是在他们的基础上发展起来的。

以上七组，归纳起来，可以合为以下三类：A组自成一类，不与其他类同；E和D两组为"编发"一类；B、C、F及G为"椎髻"一类。证之以司马迁所记，晋宁出土文物中各种人物的图像，实可表现当时滇东北民族情况的大概。

（原载《考古》1961年第9期）

云南晋宁出土铜鼓研究

云南晋宁石寨山古墓群中共出土铜鼓 17 面,又出土与铜鼓有密切关系的铜鼓形贮贝器 31 具。从考古学上言,在一个地区出土数量如此之多的铜鼓,是没有先例的。并且出土的情况比较明确,时代也极为肯定,所以是值得进一步加以研讨的。这不仅对阐明古滇族的生活习惯将有所帮助,① 而且对于铜鼓的创制、发展等问题的推断,亦将有其一定的意义。

晋宁出土的铜鼓 17 面,以及铜鼓形贮贝器 31 具,其在各墓中的分布如表一。

表一 铜鼓和铜鼓形贮贝器 * 在各型墓中分布情况

墓型	墓　号	铜鼓	贮贝器
I	M14	2	1
	M15	2	1
	M16	3	1
	M17	1	1

---

① 本文为方便起见,仍暂用"滇族"一名,其说见拙著《云南晋宁石寨山出土文物的族属问题试探》,《考古》1961 年第 9 期。

续表

墓型	墓 号	铜鼓	贮贝器
Ⅱ	M1*	2	3
	M3	1	1
	M10	1	1
	M11	3	2
	M12	×	3
	M13	2	5
	M18	×	2
	M19	×	1
	M20	×	2
	M22	×	1
Ⅲ	M6	×	5
	M7	×	1
总数	16	17	31

* 贮贝器虽非铜鼓，但系与铜鼓有关联的器物，故附列于此，以做参考。

* 此表除 M1 外，系根据《云南晋宁石寨山古墓群发掘报告》（云南省博物馆编，文物出版社，1959 年。以下引用均简称《报告》）。M1 系根据云南博物馆：《云南晋宁石寨山古遗址及墓葬》，《考古学报》1956 年第 1 期。从墓的型制及其中所出的器物看，当属于第Ⅱ型墓。

由此表可以看出铜鼓仅出于第Ⅰ和第Ⅱ型墓中，而以第Ⅰ型墓中较普遍，在第Ⅲ型墓中绝迹。① 按第Ⅱ型墓的时代下限，不晚

---

① 石寨山前后共发掘了 4 次，共得墓葬 50 座，其中第Ⅰ型墓 4 座（14、15、16、17），第Ⅱ型墓 11 座（1、3、10、11、12、13、18、19、20、21、22），其他均属于第Ⅲ、Ⅳ型。

于汉武帝元狩五年（公元前118年），① 所以晋宁铜鼓中之最晚者亦当在西汉早期，其中之较早者，可以到战国晚期。再者，本文所研究的，虽以晋宁铜鼓和若干铜鼓形贮贝器上的花纹为主，但云南地区其他地方出土而时代相同及相类似的铜鼓，如广南铜鼓②、开化铜鼓③等，亦用作重要的辅助材料。④

此17面铜鼓，连同广南、开化两铜鼓在内，基本上都是同一形式的，即胴部膨胀，鼓体作圆柱形，足部复展开作喇叭形。此种形式，黑格尔在其铜鼓的分类中列为第Ⅰ型，并认为是最早的

---

① 参考云南省博物馆编：《云南晋宁石寨山古墓群发掘报告》，第132—134页，"年代推断和墓葬分期"。《报告》中的年代推断基本上是正确的，其中第Ⅰ型中的个别墓，也可能要稍早一些。
② 此鼓1919年出土于云南省广南县南乡阿章寨，现存云南省博物馆，《新纂云南通志·金石考》著录，并有较详的叙述，见《云南省博物馆铜鼓图录》（云南省博物馆编，云南人民出版社，1959年）第四鼓，图版一〇、一三。此鼓通体完整，为国内现存铜鼓中之最早及最精美者。此鼓可能系古滇族的遗制，其形制与晋宁出土者完全相同，属于早期的形式，其上所铸绘的人物的装束，与晋宁出土滇族装束图像十分相似，特别以"银锭式发髻"为最显著。《云南省博物馆铜鼓图录》对鼓的说明写道："此鼓的羽人和木船图画……银锭式发髻，在晋宁石寨山出土大铜俑和贮贝器上的人物图画中也是常见的。这些现象，绝不是自然偶合……"《图录》的推断是正确的，此鼓上所描绘的，可能是古滇族的活动景况。
③ 此鼓发现于云南开化，故称之为"开化铜鼓"。据传说，原系从贵州南部带去，系一苗族首领所有。此鼓早已为帝国主义分子盗出国外，见闻宥编著：《古铜鼓图录》（上海出版公司，1954年）第七鼓，图版一二、一三。
　　此鼓的形式与晋宁出土者完全相同，其上铸绘的羽人亦是如此。此鼓纹饰中有一奇特之处，即有四女子执杖坐于铜鼓上。此种图像亦曾见于其他的早期铜鼓之上，解释者对之颇多臆测，但皆与图像所表现者不符。按坐于铜鼓之上，是晋宁出土大铜俑的一种普遍现象，例如出土的九件大铜俑，都是坐于铜鼓或铜鼓形贮贝器之上的，此种现象的意义，现在虽尚不甚明了，但其为滇族的习俗，则是可以肯定的，所以此鼓上所描绘的，亦当是古滇族的活动。
④ 按铜鼓在东南亚地区分布既广，使用的民族亦多（特别是在后期），因此，有关铜鼓诸问题的推测，各因时因地而异。本文非泛论或概括性质，不过仅就晋宁的资料提出自己的看法，故对于以往其他研究者的推断，概不置论，仅有在涉及本文论据时，方略加论列。

一种铜鼓形式。①

铜鼓的鼓面,中心除"光体"(即受击之处)及"光芒"外,均分成为若干圈带,铜鼓研究者称之为"晕"。鼓之胴、体、足上亦均如此。此种称法,习用已久,本文亦沿用之。

早期鼓上的花纹,除了人形、动物、船形等特殊花纹外,主要的有点纹、圆圈、圆圈中心加点、同心圈、圆圈或同心圈加切线纹(tangent)②、各种绚索纹、梯纹③、三角齿纹、双旋纹及其变体(亦可称回纹和云雷纹及其变体),等等。这些花纹,一般说来,大半都曾见于战国(或更早)至两汉间的铜器(包括铜镜)上,所以有人指出,铜鼓的制作在部分纹样的取材上曾受了汉族铜器花纹一定的影响。不过这些纹样也都见于晋宁出土的其他铜器之上,如戈、矛、剑、斧、钺等等,当然此中亦不排除有相互影响的关系。又铜鼓的鼓面,从花纹的组合上看,有些绝似铜镜的镜背花纹,遂有认为铜鼓的铸造,系受到铜镜上花纹的影响者。不过这一提法是值得商榷的,因为铜鼓上的花纹之似铜镜者,为晕带中的齿纹、各种圆圈纹、双旋纹、绚索纹及其组合等。此类纹样及其组合,在西汉早期以前的铜镜上,多不经见,至西汉中期以后的铜镜上才渐为普遍。而有这类花纹的铜鼓,其中之最早

---

① F. Heger: Alte Metalltrommeln aus Südost – Asien; Leipzig, 1902. 黑格尔根据他当时所能得到的材料,把铜鼓分为四个主要类型和三个过渡类型,并认为是铜鼓发展的顺序。祥云大波那和晋宁铜鼓的发现,证明他的分类中第 I 型的提法大体上是合乎事实的,因为祥云大波那和晋宁所出的铜鼓,正是他的第 I 型,亦即最早期的类型,其他三种类型为较晚的类型,也是肯定的,不过它们之间是否代表一种发展的顺序,或仅为地域的区别,尚待进一步的证明。

　　铜贮贝器亦基本上作此种形式,有少数作腰鼓形者,想系因其功用而异。
② 圆圈或同心圈加切线纹（ ），也可能是双旋纹 的变体或形式化(Conventionalization)。
③ 西方研究者所称为梯纹 ∣∣∣∣∣∣ 者,当为一种索纹 ///// 的变体,西汉中期以后的铜镜上亦盛行,但均称为绚纹或素纹。

者,则早于此类铜镜。例如铜镜最早出现于第Ⅱ型墓中,而所出的六面铜镜中,未有一面有似其中的铜鼓的面纹者。

再者,此类几何形花纹的分析,对于铜鼓的起源或最早使用民族等问题上,实不能有所阐明,因为此类几何形纹样,形式简单,是古今来世界上许多民族所共有的。① 故本文中仅简略地说明其性质,不多做讨论。

早期铜鼓上的花纹最能表现民族特征的,当推其中的各种人物、动物、船形等图像。因为它们别具风格,并且描述了民族的生活习惯,所以对它们的各种臆测也特别多。在晋宁文物未发现以前,这些图像自然不易解释,现在若与晋宁出土的各种图像相较,其意义极为明显。我们可先讨论其中的所谓"羽人"。

舞人(羽人)

铜鼓上的"羽人",并不是传说中所称的"羽人",实是一种名称上的误用。② 此种"羽人"实是一种舞蹈中的"舞人",有的头戴羽冠,手中执羽,或执干、戚。这种舞蹈,与古代汉族的舞

---

① 如三角齿纹,不仅早见于甘肃新石器时代彩陶罐上,而且在石寨山与滇族墓群相连的新石器时代遗址中的陶器上亦屡见不鲜,见云南博物馆:《云南石寨山古遗址及墓葬》,图六,2;图九,3、12等。其他如圆圈、双旋等这样简单纹样,在许多民族中均有之。

② 所谓"羽人",在古代有两种意义。一为官名,《周礼·地官》:"羽人掌以时征羽翮之政于山泽之农,以当邦赋之政令。"这种官名不见于其他先秦史籍中,可能仅系《周礼》中的一种假想。再为仙人的一种别称,《楚辞·远游》:"仍羽衣于丹邱兮,留不死之旧乡。"王逸注谓:"《山海经》言有羽人之国……,或曰人得道,身生毛羽也。"洪兴祖补注谓:"羽人,飞仙也。"所以后世道士着羽,人称"羽人",亦称"羽士"。两义皆与铜鼓上的情况不合。

蹈是相似的，也可以说是从汉族的舞蹈蜕变而出的。

古代汉族的正式舞蹈（用之于庙堂者），大体言之，可以分为两大类：文舞和武舞，而统名之为"万"。《诗·商颂·那》："庸鼓有斁，万舞有奕。"又《诗·鲁颂·闷宫》："万舞洋洋，孝孙有庆。"均谓文舞、武舞也。在文舞中，舞者手中必执籥、羽，《诗·邶风·简兮》："简兮简兮，方将万舞，……硕人俣俣，公庭万舞……左手执籥，右手秉翟。"籥为一种舞笛，① 而翟则是舞羽。在武舞中，舞者手中则执干、戚。《毛传》说"以干、羽为万舞"，是兼文舞、武舞而言。《礼记·乐记》中说得更明白："故钟鼓管磬、羽籥干戚，乐之器也；屈伸俯仰，缀兆舒疾，乐之文也。"又说："钟磬琴瑟以和之，干戚旄狄以舞之。"所以，在汉族古代的正式的舞蹈中，舞者的手中不是执干、戚（武舞），即是执旄、狄（文舞）。②

晋宁出土的铜鼓形双盖铜贮贝器第一层器盖上所刻绘者，当为滇人的"文舞"或者"羽舞"。（图四三，1）舞者头戴羽冠，上身裸露，腰下服三叉形或羽制前后幅，前短后长，跣足。手中执羽，八人执于右手，十四人执于左手。两队之间，有一人作滇族装束，髻上插羽，腰悬长剑（似铜柄铁剑），此人可能是领队。

这一图景所描绘的似乎为整队舞人，不过其"羽数"与汉族古代所记载者不同。《左传·隐公五年》：

---

① 此系一种传说的解释，郭沫若同志谓"籥"为象形字，当为箫属的乐器，见其所著《甲骨文字研究·释龢言》，其说亦可从。
② 关于汉族古代的乐舞，文献特繁，问题亦较复杂，此处仅言其大概，以便与滇族做比较而已，不过我们须知，汉族古代的正式音乐，都是以舞为主，而以乐节之的，所以《宋书·乐志》说："凡音乐以舞为主，自黄帝《云门》以下，至于周《大武》，皆太庙舞名也。"这是我们了解汉族古代乐舞和古滇族乐舞，所不可不注意的。

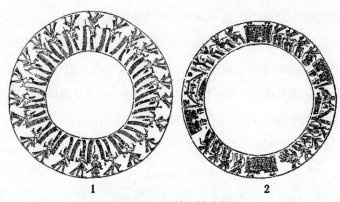

图四三 铜鼓上的纹饰

1. 铜贮贝器 M12:1 第一层器盖上主晕内人物

（摹自《晋宁石寨山古墓群发掘报告》图版一一九）

2. 开化铜鼓主晕内的舞蹈纹

九月，考仲子之宫，将万焉。公问羽数于众仲。对曰："天子用八，诸侯用六，大夫四，士二。夫舞所以节八音而行八风，故自八以下。"公从之。于是初献六羽，始用六佾也。

以上所举的羽数，天子用八为六十四人，但自诸侯以下则有两说。何休以为当六、六（三十六），四、四（十六），二、二（四）人；服虔以为当六、八（四十八），四、八（三十二），二、八（十六）人。杜预则以为舞式宜方，行列既减，故每行（佾）人数亦当递减。故其注《左传》则用何说。不过《宋书·音乐志》则又痛驳之，以为宜从服说。故此问题迄今未有定论。但此图景所刻人数，与服、何二说均不合。证以其他铜鼓上的舞蹈行列，唯开化铜鼓上者为两组四列，每列四人，共十六人。（图四三，2）似乎与何说相合。广南铜鼓上共有二十六人，其中有二人可能为刑牛者而非舞人外，实得二十四人。此二十四人分成两组，各以羽葆幢为中心，但每组人数亦不相等。（图四四）但总的来说，在分组和人数上与贮贝器上者，大体是相似的。或者滇族的舞蹈，虽大体上同于当时的汉族，但有其自己的舞法及行列，这也是发展中极自然的现象。

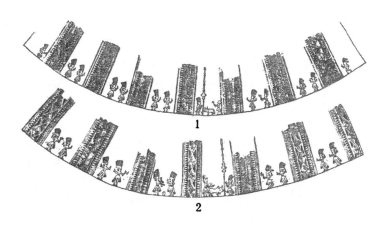

图四四　广南铜鼓鼓体上所铸之舞蹈图

晋宁大铜鼓（M14:1）腰部所刻绘者应为武舞的一种，舞者头戴羽冠，装束与前相同，唯左手执干，右手秉戚，（图四五，1）有的仅执干，（图四五，2）开化铜鼓鼓体上所铸者亦同。广南铜鼓所描绘者亦大体相同，而滇族之发髻则特为清晰。舞者手中执戚或戈，绝大多数徒手而张两臂。（图四四）此一圈中的舞者，可分为两组，每组各建一羽葆幢，其下系一牛。此类羽葆幢，古代称之为"翿"（音道），《诗·陈风·宛丘》："无冬无夏，值其鹭翿。"又《尔雅·释言》："翿，纛也。"郭璞注："今之羽葆幢。舞者所以自蔽翳。"此制至唐、宋时犹存。马端临《文献通考》（卷一百四十四）说：

图四五　晋宁铜器上的纹饰

1. 执干戚舞人（M14:1）　　2. 执干舞人（M14:1）
3. 滇族舞蹈女子的手势（贮贝器 M12:2）

　　今太乐所用，高七尺，干首栖木凤，注髦一重，缀繐帛画升龙焉。二工执之，分立于左右，以引文舞，亦得古之遗制也。

《文献通考》所言，与此有些相似，此则杆顶插羽数茎，或更为近古。

　　铜鼓上所表现的舞姿，尚有一种徒手舞，即以四指相并，拇指张开而呈八字形者。（如开化铜鼓上的舞者，见图四三，2）因在表现上略有夸张，将食指和拇指刻画稍长，因此就引起了许多臆测。有人以为所表现的为俚人、僚人庆祝铜鼓铸成时的仪式，舞人手中所执者为大银钗，并引《隋书·地理志》所记①为证，而实不知此不过为滇族舞蹈的一种姿势而已。此种姿势亦见于晋宁的其他铜器之上，如贮贝器 M12:2 上所刻者即是如此，（图四

---

① 《隋书·地理志》："自岭以南二十余郡……并铸铜为大鼓，初成，悬于庭中，置酒以招同类。来者有豪富子女，则以金银为大钗，执以叩鼓，竟，乃留遗主人，名为铜鼓钗。"唐章怀太子贤《后汉书·马援传》注引裴渊《广州记》略同。

五,3）其他铜鼓上的舞者如仅一手执羽或干、戚,另一手亦作此种姿势,不必以俚、僚的银钗来做解释,其形亦不似钗。在汉族古代的舞蹈中,亦有此种舞法,称之为"人舞"。《周礼·春官·乐师》：

> 乐师掌国学之政,以教国子小舞。凡舞,有帗舞,有羽舞,有皇舞,有旄舞,有干舞,有人舞。

注谓郑司农云：

> 帗舞者,全羽。羽舞者,析羽。皇舞者,以羽冒覆头上,衣饰翡翠之羽。旄舞者,牦牛之尾。干舞者,兵舞。人舞者,手舞。……人舞无所执,以手袖为威仪。

由此可见,汉族古代亦有一种徒手舞,而滇人衣袖甚短,且男子舞时,上身多半裸露,故仅能以手作"威仪"了。再者,汉族的古代舞蹈中,亦有戴羽冠者,如郑司农所说的"皇舞",故"羽冠"不独只限于滇族。

由上面所讨论的看,滇人的舞蹈,与汉族古代的舞蹈,可以说是大同而小异,故早期铜鼓上的"羽人",应称之为"舞人"。它并不是什么图腾主义的表现,也不代表什么神话题材,不过是一种舞装而已。

翔 鹭

晋宁铜鼓和其他早期铜鼓上,多铸有水鸟形,这种水鸟,自其形状言,应该是鹭,或其图案化的变形。鹭与鼓和舞蹈的联系,在汉族中是很早的。《诗·鲁颂·有駜》:

> 振振鹭,鹭于下,鼓咽咽,醉言舞,于胥乐兮!
> 振振鹭,鹭于飞,鼓咽咽,醉言归,于胥乐兮!

《有駜》被认为系歌颂"(鲁)僖公君臣之有道"的诗,其时约当公元前7世纪中叶。注谓:"鹭,白鸟也;以兴絜白之士。"以诗的义法说,固可做如此解释,而鼓之联系于鹭,当必有其习俗上的依据。《隋书·音乐志》言之颇详:

> 革之属五:一曰建鼓,夏后氏加四足,谓之足鼓;殷人柱贯之,谓之楹鼓;周人悬之,谓之悬鼓。近代相承,植而贯之,谓之建鼓,盖殷所作也。又栖翔鹭于其上,不知何代所加?或曰,鹄也,取其声扬而远闻。或曰,鹭,鼓精也。越王勾践击大鼓于雷门以厌吴。晋时移于建康,有双鹭咙鼓而飞入云,或曰皆非也。《诗》云:"振振鹭,鹭于飞,鼓咽咽,醉言归。"古之君子,悲周道之衰,颂声之辍,饰鼓以鹭,存其风流。未知孰是?

《音乐志》虽举出了许多故实，但亦不能决定以何者为是，不过其起源甚早，则是可以断定的。从考古学上的资料言，也可证明这一点。如河南信阳楚墓和湖北江陵楚墓所出之鼓，即以鹭饰鼓架①，而沂南画像中之建鼓，其上亦饰以翔鹭②。所以，从文献和考古的材料言，其起源至迟当在春秋战国时代，至汉而转盛，沿袭直至于隋唐。

中原古代又有用朱鹭以饰鼓的说法，汉代并以之名鼓吹曲。明杨慎《升庵诗话》（卷四）则谓：

> 古乐府有《朱鹭曲》，解云："因饰鼓以鹭而名曲焉。"又云："朱鹭咒鼓，飞于云末。"徐陵诗有"枭钟鹭鼓"之句，宋之问诗"稍看朱鹭转，尚识紫骝骄"，皆用此事。盖鹭色本白，汉初有朱鹭之瑞，故以鹭形饰鼓，又以朱鹭名《鼓吹曲》也。梁元帝《放生池碑》云："元龟夜梦，终见取于宋王；朱鹭晨飞，尚张罗于汉后。"与"朱鹭飞云末"事相叶，可以互证，补《乐府解题》之缺。

按以朱鹭饰鼓，或者亦不始于汉，汉以前或已有之，吴陆玑《毛

---

① 袁荃猷：《关于信阳楚墓虎座鼓的复原问题》，《文物》1963年第2期，第10—12页，我认为彭同志的复原是正确的，虎座之上应为双鹭。由湖北省文物管理委员会：《湖北省江陵出土虎座鸟架鼓两座楚墓的清理简报》，《文物》1964年第9期，第27—32页，而得到确切的证明。他如战国时期的"宴乐画像椭楛"上所刻的鼓，亦以双鹭承之。见马承源：《漫谈战国青铜器上的画像》，《文物》1961年第10期，第26—30页。
② 曾昭燏等：《沂南古画像石墓发掘报告》，文化部文物管理局，1956年，图版四八、八八。鸟的颈后有"羽冠"，故可确定其为鹭。

诗草木鸟兽鱼虫疏》谓:

楚威王时有朱鹭合沓飞翔而来舞,则复有赤者,旧《鼓吹水鹭曲》是也。(按《艺文类聚》卷九十二引作楚成王,想系威、成形近而误。)

此语不知何所本(《尔雅疏》所引此段想系本自《陆疏》),其传说或颇早。《鼓吹朱鹭曲》虽均认为系汉曲(西汉时方有铙歌鼓吹之名),其辞今多不可解,① 其源或者颇古。

白鹭、朱鹭自动物学上言,虽同属涉禽类而形体相似,但不同种属(白鹭 Egretta garzetta,朱鹭 Nipponia nippon)。朱鹭的羽色虽呈白色,但微带桃红,脚长而赤(白鹭则脚黑),此为朱鹭名称之所由来。或者古人以其形有相似,故皆用之饰鼓。

所以,我们可以认为铜鼓上的鸟,应为翔鹭,虽其形状有些图案化的趋势,但为鹭的形象,则是很清楚的。(图四六)"鹭为鼓精"和"朱鹭咒鼓",也可能是中原汉族(特别是楚地)很早的民间传说。

图四六　翔鹭纹

1. 云南晋宁铜鼓(M14:1)　2. 云南开化铜鼓

---

① 宋郭茂倩《乐府诗集》(四部丛刊本,卷十六)载汉铙歌《朱鹭》:"朱鹭,鱼以乌,(路訾邪)鹭何食?食茄下,不之食,不以吐,将以问诛者。"其义不甚可晓,亦不知是否如上句读。此曲可能是来自当时的民间歌谣,也很可能是南方民间歌谣。

竞渡（船形纹）

在晋宁的铜鼓上，多铸有船形纹。这种船形纹也是早期铜鼓上最特殊的纹样之一，所以曾引起了不少的推测，有的以为是波罗洲逵亚克人的"黄金船"，有的以其上有羽冠的人形纹，遂以为系表现图腾主义，如"鸟图腾"等。这些说法，实未细察这些船形的内容。从各种船形的内容来看，还是以"竞渡"说法似较为合乎实际。

这些船，自其各种形式看，虽不是由巨木所挖成的独木舟，但船身皆狭窄轻便，如要在大海中航行，似必须有"船舷侧出的横木（Outrigger）"，行驶时——特别是驶风时——方不致倾覆，但鼓铜上的船从未见有作此种装置者。再者，船上亦从未有表现桅和帆的图像，而都是用短桨，船舵则皆以"艄"代之，皆与在海中航行的装置不合。像这样的船，仅可在内河，或像滇池这种小水面上行驶，是不堪在大海中航行的。所以，有人根据船纹便推测应用铜鼓的人为海滨民族，是不合乎实际的。

至于船中的人物，亦皆作游戏或舞蹈的装束，其中比较简单的，也可以说比较原始的，头上插羽，裸形而划船。晋宁铜鼓上的人物即是如此。（图四七，1、3）大概在滇族中，头上戴羽可能为一种游戏的表示，因其不仅在船形纹上是如此，而且在其他的游戏中亦是如此，例如在所谓"剽牛"图像中，剽牛者亦均头插长羽。① 有些比较复杂的则头戴羽冠而划船，有的立于船中，手中

---

① 《报告》图版七三，4。

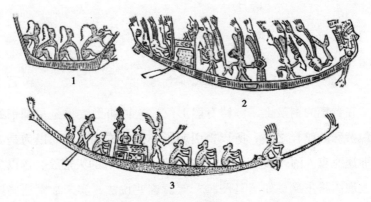

图四七　船纹

1. 晋宁铜鼓 M1:1　2. 玉缕铜鼓（摹自《铜鼓考略》）
3. 晋宁铜鼓 M14:1

执羽或翳、矛。其中虽有少数人物装束和姿势有类舞蹈，亦为水戏中所常有，长江流域的水戏中亦有如此者。①

　　铜鼓上的船形纹尚有另一特点，即有好些船纹首尾饰以鸟首和鸟羽。以鸟首饰船，特别是"鹢鸟首"，是西汉以至六朝间最通行的船身纹饰，其起源当在西汉以前。②《汉书·司马相如传》《子虚赋》中说："怠而后发，游于清池，浮文鹢，扬旌栧。"注引张揖说："鹢，水鸟也，画其像于船首。"《淮南子·本经训》："龙舟鹢首，浮吹以娱。"注谓："鹢，大鸟也，其画像著船头，故曰鹢首也。"故在汉晋之间，船亦可称"首"。扬雄《方言》则作"艗艏"，注谓："鹢，鸟名也。今江东贵人船首作青雀，是其像也。"

---

① 关于这种"水嬉"的装束，《旧唐书·杜亚传》说："江南风俗，春中有竞渡之戏，方舟并进，以急趋疾进者为胜。亚乃令以漆涂船底，贵其速进；又为绮罗之服，涂之以油，令舟子衣之，入水而不濡。"

② 《太平御览》卷七百七十引《说苑》有言："楚鄂君乘青翰之舟，张翠羽之鹢。"但后一句不见于今本《说苑》。

再者，铜鼓上的若干船纹从其鸟首看，似乎在倒驶，即鸟首在后，鸟尾在前。（图四七，2；四八，1）这种现象实得不到适当的解释，但不知是否与"鹢退飞"的传说有关？《左传·僖公十六年》：（正月）"六鹢退飞过宋都。"自此以后，"六鹢退飞"之事遂成了诗赋中表示"后退"或"不进"的掌故。梁简文帝书有"楼船写退"之句，语义不明，但不知在其他地方是否也有置鹢首于舟尾之事。不过以"鹢首"饰舟，则是汉、晋间很普遍的风气。如《晋书·王濬传》言其伐吴，大船皆"画鹢首怪兽于船首，以惧江神"，即是其事。

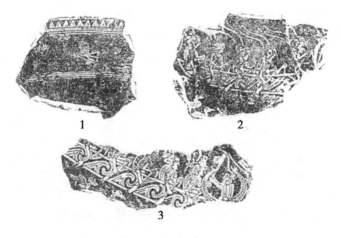

图四八　晋宁铜鼓上的船纹（拓片）

此中最能表现"竞渡"的形式者，当推晋宁出土的一个残铜器上的船纹。（图四八，2、3）船为狭长的轻舟，划船者为滇族男子（因此图较大，描画极为清晰），头插羽，每两人并坐而划，中有一人指挥，使动作齐一。这种形式，几与现在长江中游竞渡的船完全一样。其次则为广南铜鼓上的船纹。船亦为狭长的轻舟，两端有羽饰，人皆裸形。首一人头戴羽冠，双手划桨。其后三人，坐而双手划桨。其后立一人，首戴羽冠，双手执饰棒，做指挥状。其后为船上的栅台，上蹲一人，后台置一羽葆幢。① 幢后一人划桨，再后一人扳艄。扳艄者之后坐一人，首插羽。这一竞渡的图景是很明显的，特别是船用艄而不用舵，因艄可离水，能使船急转，《晋书·夏统传》中之"奋长艄"即其例。这是竞渡必要的条件，为胜负所系。长江流域的竞渡舟几无不如此。尤其是有些铜鼓上的船纹首尾皆有艄，更为明显。（图四七，2）因在竞赛时如须将舟急转，则将前后之艄压离水面，至适当的角度时，再入水急扳之（前后扳的方向必须相反），船可急转而驶，超至他舟之前。如用不能离水的舵，则须转大弯而落后了。

从铜鼓上所有的船形纹看，特别是将各种船纹排列比较来看，（图四七、四八）这是一种"竞渡图"，则是无可怀疑的。以舟作水戏，古代盛于长江流域，《荆楚岁时记》说：

> 五月五日竞渡，俗为屈原投汨罗日，伤其死所，并命舟楫以拯之。舸舟取其轻利，谓之飞凫。一自以为水军，一自以为水马。州将及士人，悉临水而观之。《邯郸淳曹娥碑》云：五月五日，时迎伍君，逆涛而上，为水所淹。斯又东吴之俗，事为子胥，不关屈平也。《越地传》云起于越王勾践，不可详矣。

又《隋书·地理志》说：

---

① 此种图像，也见于其他的船纹上，遂有人认为系"船桅"者，但全不似。此可能是司马相如《子虚赋》中所言之"扬旌栧"之"旌"，注引张揖曰："扬，举也。析羽为旌，建于船上也。"郭璞曰："栧，船舷。树旌于上。"按《子虚赋》此段乃言楚王水嬉之事者。

> 屈原以五月望日赴汨罗，土人追至洞庭，不见，湖大舡小，莫得济者，乃歌曰："何由得渡湖？"因尔鼓棹争归，竟会亭上，习以相传，为竞渡之戏。

竞渡本来是长江流域多水地区的一种水上游戏，虽在楚者依托于屈原，在吴越者托始于子胥或越王勾践，其起源，当必远较三人为古。滇人自托为楚将庄蹻之后，其水上竞戏，或者与楚俗有关。

关于云南铜鼓的起源问题

由前面的讨论，我们不难看出，云南晋宁出土铜鼓上最富有特征及在解释上分歧最大的一些纹饰上，无一不能在汉族古代乐舞文献中找到适当的解释，乐舞中所铸绘的人物（舞人），又无一不作古滇族的装束，这当然不是一种巧合。铜鼓确是古滇族使用和发展过的一种重要乐器。我们可以在这种基础上追溯它的起源问题。

从早期铜鼓的形制来看，它似乎是从一种实用器（铜釜）发展而来的。大概在云南地区的青铜器时代早期，曾使用过一种鼓腹深颈的铜釜，这种铜釜既是炊器，又可将其翻转过来作打击乐器。祥云大波那铜棺墓中这种形状的铜釜及铜鼓的发现，给了我们明确的启示，① 说明了早期铜鼓的一些特别形状的来源，例如鼓面为什么较小，胴部为什么特别膨胀，鼓身为什么缩小，鼓足为

---

① 云南省文物工作队：《云南祥云大波那木椁铜棺墓清理报告》，《考古》1964年第12期，第607—614页，以后引用时简称《清理报告》。关于铜棺墓的时代似乎订得过晚，其所考订的使用民族，亦可以有商榷之处，此处仅提出我个人的看法。《清理报告》中关于铜釜说："此釜形状和铜鼓十分近似，倒置过来看，其异于铜鼓者，只不过是打击面的直径较小，足边无折棱而已。过去，对铜鼓形式来源于何物，颇多揣测，迄无定论。此式铜釜的出现，又增添一个值得注意的线索。"

什么又复行夯开，鼓耳为什么在胴部与鼓体之间，等等。这都是因为：鼓面原本是釜底，胴部原是釜腹，鼓身原是釜颈的延长，鼓足原是釜口，鼓耳原是釜腹与颈之间的釜耳。又因为整个铜鼓是从铜釜发展而来，所以打击面只有一面而非两面。早期铜鼓的这些特殊形制，若不从它发展的过程上看，是不容易说明的。

大波那铜鼓是素面的，这是合乎早期发展规律的。可以推测，这些铜鼓上花纹的发展主要是出于古代滇族。因为铜鼓上主要花纹如舞人、翔鹭、竞渡等，亦即是后期铜鼓上主要花纹演变的祖本，都与古滇族有关，人物亦皆作滇族装束。从另一方面看，这些纹样所表现的舞蹈和习俗，又与古代汉族大致相似，由此证明，在2000多年以前，汉族与滇地区兄弟民族已有很密切的文化交流和相互影响。这些交流和影响，以现在所有的考古学证据而言，似乎不会来自古代的巴、蜀，而是来自古代的楚。证之以翔鹭纹和竞渡纹，似乎更为有据。将鹭与鼓相联系，最早可能是楚地的风俗。如现在所发现的以鹭形为鼓架的，都出于楚墓之中。征之文献中的记载，当然不是出诸偶然。竞渡当然是长江流域的习俗。至于舞人手中所执之干、戚、旄、翟，亦是与汉族古代万舞中所执者相同的。楚在当时虽常被称"蛮夷"，但其乐舞则是与中原诸地不殊的。《左传·庄公二十八年》："楚令尹子元欲蛊文夫人，为馆于其宫侧而振万焉。""万"即是万舞，知楚人的舞蹈与当时其他地区是相似的。① 所以滇族"舞人"的渊源当有所自。

---

① 此不过从大体上言之，在当时人看来，楚音还是可以区别的，特别在音调上是如此。此层则不可不知。例如，《左传·成公九年》晋归楚钟仪说："晋侯观于军府，见钟仪，问之曰：'南冠而絷者谁也？'有司对曰：'郑人所献楚囚也。'使税之，召而吊之，再拜稽首。问其族，对曰：'泠人也。'公曰：'能乐乎？'对曰：'先父之职官也，敢有二事。'使与之琴，操南音。"南音自是楚音了。

当后来铜鼓传到其他地区时，这些具有滇族生活特征的纹饰，有的被放弃，有的图案化而失其本来面目。例如舞人在滇族中是有它生活上的意义的，在其他民族看来不过是一种病理的图案，故在模仿时仅作为一种纯装饰花纹来处理，于是转为毫无意义的所谓"鸟纹""游旗纹"等等。（图四九）此种"游旗纹"在各地的演变似略有不同。不过这一问题尚未有加以详细研究的。此外如"鹭"和"竞渡"纹在后来各地的发展上亦有同样的变化。

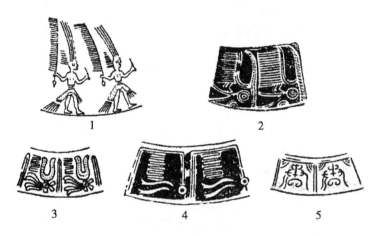

图四九　铜鼓上的纹饰

1. "羽人"（晋宁铜贮贝器盖上的执羽舞人之二，M12:1）

2. "鸟纹"（四川大学历史博物馆藏，鼓形属Ⅰ型晚期，C4877）

3. "游旗"（云南省博物馆藏，3459，鼓型属Ⅱ型，见该馆《图录》第 66 图）

4. "游旗"（见《古铜鼓图录》第 40 图，鼓形属Ⅲ型，为贵阳一私人所藏）

5. "游旗"与"寿"字相结合的纹样（云南博物馆藏，3487，见该馆《图录》第 108 图）

（由上面五图的排列，其演变的痕迹是很清楚的）

铜鼓在古滇族中不仅是一种乐器,而且亦以之作陈设,如在贮贝器 M12:26 盖上所铸的平台,其上即陈设有铜鼓 16 面,此种鼓皆以口着地如矮几,有的其上置尊、盂等饮器。贮贝器 M12:2 盖面所铸饮燕舞蹈图像上亦是如此。又如贮贝器 M12:26 盖上平台后两侧后之巨大铜鼓,墓 I 中出土的贮贝器盖上仪式场面后之两侧铜鼓,若以人物大小的比例例之,鼓高当有 2.5 米以上,阔亦如之,可谓巨大。铜鼓亦可叠置而成铜柱,如贮贝器 M20:1 上的场面中所示。其他实用器物——除贮贝器外——亦有铸成铜鼓形者,如所出杖头饰 20 余件均系如此。屋宇山尖上饰以铜鼓形饰物。总之,由此可见铜鼓概念在滇族生活习俗中的深刻影响。

(原载《文物》1974 年第 1 期)